走进广州好教育丛书·好学校系列

ZOUJIN GUANGZHOU HAOJIAOYU CONGSHU
·YUEXIAO XILIE

何勇　祁丽珠◇编著

执德至弘　信道至笃

广州市执信中学 的 百年之路

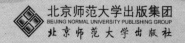

北京师范大学出版集团
BEIJING NORMAL UNIVERSITY PUBLISHING GROUP
北京师范大学出版社

图书在版编目(CIP)数据

执德至弘 信道至笃：广州市执信中学的百年之路/何勇，祁丽珠编著．—北京：北京师范大学出版社，2021.5
(走进广州好教育丛书．好学校系列)
ISBN 978-7-303-26862-7

Ⅰ．①执… Ⅱ．①何… ②祁… Ⅲ．①中学教育—经验
Ⅳ．①G630

中国版本图书馆 CIP 数据核字(2021)第 050742 号

营 销 中 心 电 话 010-58802135 010-58802786
北师大出版社教师教育分社微信公众号 京师教师教育

出版发行：北京师范大学出版社 www.bnup.com
　　　　　北京市西城区新街口外大街 12-3 号
　　　　　邮政编码：100088
印　　刷：天津旭非印刷有限公司
经　　销：全国新华书店
开　　本：710 mm×1000 mm　1/16
印　　张：14.75
字　　数：201 千字
版　　次：2021 年 5 月第 1 版
印　　次：2021 年 5 月第 1 次印刷
定　　价：55.00 元

策划编辑：郭　翔　　　　　责任编辑：马力敏　梁民华
美术编辑：焦　丽　　　　　装帧设计：焦　丽
责任校对：康　悦　　　　　责任印制：马　洁

总序
一

《国家中长期教育改革和发展规划纲要(2010－2020 年)》提出:"办好每一所学校,教好每一个学生。"几年来,各地涌现出了一批好学校、好校长、好教师。总结和推广他们的经验,是推动我国教育改革和发展,提高教育质量,促进教育现代化的强大动力。广州市是我国改革开放的前沿,不仅有着深厚的文化积淀,而且在改革开放中敢为天下先,在教育领域积累了许多新经验。广州市教育局在《广州市教育事业发展第十二个五年规划》文件"办好让人民满意的教育"的要求下,决定组织编写"走进广州好教育丛书",实在是适逢其时。这是对广州市多年来教育改革创新的一次总结,也是对广州市今后教育改革的一次推动。

根据编委会的设计方案,丛书拟从广州市 1000 多所中小学校、10多万名教师中选出 10 所"好学校"、10 名"好校长"、10 名"好教师"列入首批出版计划。他们有的是已有 100 多年建校历史,积淀了深厚文化内涵,至今仍然在不断创新中继续勃发着育人风采的老学校;有的是办学时间不长,但在全校教职工磨砺创业、共同耕耘下办出水平的新学校。他们有的是办学理念先进、充满活力、管理经验丰富的好校长;有的是师德高尚、业务精湛、热爱学生的好教师。总之,他们热爱教育事业、热爱每一个学生,创造了卓越的成绩,是好学校、好校长、好教师队伍中的典范。

当前，我国教育正处在由数量发展转向质量提高的转折点上。到2020年，我国要基本实现教育现代化。教育现代化的实质就是要培养现代化的人。教育要回到原点，立德树人，培养具有为国家、为人民服务的责任心，具有创新精神和实践能力，并且具有国际视野和国际交往能力的人才。教育大计，教师为本。我们的校长和教师要立足中国，放眼世界，转变教育观念，改变人才培养方式，促进教育现代化的进程。

我希望广州市在编写"走进广州好教育丛书"的过程中继续挖掘先进人物和新鲜经验，率先实现教育现代化。

2016 年 7 月

总 序

二

2014 年的教师节前夕，我写了一篇《广州教育赋》，后来这篇文章在《中国教育报》上刊登了。在这篇赋中我有这么几句话："大信不约，好校长何止十百；大爱无疆，好老师何止百千；大成不反，好学生何止千万；大道不违，好学校就在此间。"中心意思是说，广州好教育是由十百千万的好校长、好教师、好学生和好学校共同铸成的。正是有着他们的大信大爱和大成大道，广州作为国家重要中心城市之一，在教育，尤其是基础教育方面，才能卓有建树，我们也才有可能推出一套"走进广州好教育丛书"。

在这篇序言中我想表达三个朴实的想法。

第一个朴实的想法是，一座城市的教育发展单靠一两所名校，几位名师、名校长是支撑不起来的。能够为这座城市源源不绝地提供人才智力资源的应该是有那么一大群校长、一大批教师和一大拨学校。他们形成一个个各具怀抱的优秀群落，为这座城市辈代不绝地做着贡献，那我们就要为这一个个优秀群落树碑立传。对于广州这样有着将近 1500 所中小学的特大型城市而言，我们特别有理由这样做。正是有着他们的大信不约（《礼记·学记》）——真正的信义不需要盟约，他们才会在每一所学校不断坚守；正是有着他们的大爱无疆——博大的仁爱无边无际，他们才会为每一个学生殚精竭虑；正是有着他们的大道不违（原为"大道无

1

违"，《晋书·嵇康传》）——不违背教育的使命与历史发展的规律，他们才会为每一个进步中的时代进行着生动的背书。有了他们，才会有一座城市的教育；有了他们，才会有一座城市的发展。有人要问，这套"走进广州好教育丛书"出齐会有多少册？老实说，我也不能确定。这第一批推出的 30 册只是一个开始，但我相信，只要这座城市在发展，属于这座城市的教育大赋就一定不会有画上句号的时候，它一定会以这样或那样的形式展现出来。

第二个朴实的想法是，对于基层教育工作者来说，我们真正需要掌握的教育规律和教育法宝就那么几条，如果我们钻进教育思潮的各种主义与模式的迷宫中不得而出，那就容易忘记教育最基本的追求。几年前，广州一个区的教育论坛请来了顾明远先生，顾先生在论坛上说："没有爱就没有教育，没有兴趣就没有学习。"我们深以为然。教育理论当然有很多，都值得我们认真学习，其他不讲，仅"因材施教"和"有教无类"两条，在我们的教育实践中是否做到了？我相信，如果我们做到了，那我们就有可能进入好教师、好校长、好学校的序列。所以，在这套丛书中，我们特别看重的是重返教育现场，讲好教育故事，今往兼顾，名特相谐。丛书所列既有杏坛前辈，也有讲台新秀；既有百年老校，也有后起名品；各好其好，好好共生。早在 100 多年前，广州教育就已经在现代化进程中开风气之先。比如说鼎鼎有名的万木草堂，20世纪 20 年代开辟新学堂；再比如说最早在广州推行开来的六三学制。在当下的教育大格局中，广州教育自然也不能落后，要有广州的好教育。

第三个朴实的想法是，好教育需要有一个好的教育生态。习近平总书记说："我们的人民热爱生活，期盼有更好的教育。"我们要努力办好让人民满意的教育，那这个教育上的"好"应该体现在哪些方面？除了上面提到的好学生、好教师、好校长、好学校之外，好的教育生态应该是一个必不可少的要素，这其中的一个重要标志就是能够形成尽可能多的教育共识。我们组织编写这套"走进广州好教育丛书"，一个目的就是通过展示我们的教育实践来推动形成更多的教育共识：原来在我们这座城市，在我们身边，就有这些好的教育，值得我们称赞，值得我们珍惜。我们的教育要全面上水平、走前列，这行进过程中积累起来的好教育基础就是我们不断奋力前行的保证。

最后，作为这套丛书的策划者，我要特别感谢北京师范大学出版社，我仍记得三年前，时任北京师范大学副校长的杨耕同志领着北京师范大学出版社的朋友们和我们讨论这套丛书编写出版规划时的热烈情景；另外，我要特别代表广州市教育局感谢顾明远先生为本套丛书作序；还要感谢总主编吴颖民先生以及华南师范大学、广东第二师范学院、广州大学的分册编委的专家团队，正是有他们的认真组织和每一位分册作者的孜孜以求，这套丛书才得以和各位读者见面。

2016 年 7 月

秉持信义 立德树人

何 勇

在谈论好学校之前，我想先谈谈我本人对教育的理解。人为什么要接受教育呢？最朴素的目的是"知书达理"，即"通晓人道，明白事理"。执信中学的校训"崇德瀹智"道出了教育的本质：培养德行，启迪智慧，从人的发展角度考虑。

何勇校长

随着社会的发展进步，生产力的不断提高，生产方式的不断改变，社会对人才的需求量越来越大，对教育的要求越来越高。自由接受义务教育变成强制接受义务教育。各个国家和民族办教育的目的不尽相同，但有一个是共同点，就是让国家与民族的生存与发展后继有人。

教育的价值凸显了，于是便有了教育价值本位的差异，有了知识本位、学生本位、社会本位之分。应该说这三者都是教育目的的应有之义，只是重点偏向不同而已。教育即教书育人，目的是促进人的成长，通过人的成长最终促进人类社会的发展进步。其中最核心的应该是人的成长。

此外，教育价值本位又有工具本位和人本本位之说，它们之间矛盾吗？我认为它们之间有着内在的联系。我国的教育目的是培养德智体美全面发展的社会主义事业建设者和接班人。建设者和接班人是个大概念，落到实处，还是一个个具体的个体。个体只有发展好了，潜能发挥出来了，才能更好地成为建设者和接班人。所以，让学生成为最好的自己，与培养社会主义事业建设者和接班人不是矛盾的，而是相辅相成的。

教育目的应该是培养人。但在教育发展的过程中，教育目的有时也会出现偏差，如见分不见人，只追求分数和升学率。正像有句话所说的，因为出发了很久，所以忘记了为什么出发。

雅斯贝尔斯对教育的解释是这样的："所谓教育，不过是人对人的主体间灵肉交流活动（尤其是老一代对年轻一代），包括知识内容的传授、生命内涵的领悟、意志行为的规范，并通过文化传递功能，将文化遗产教给年轻一代，让他们自由地生长，并启迪其自由天性。"①

诚然，在现实社会中，教育受很多因素的制约，难以达到理想的状态。但作为校长，还是应该坚守教育的本质，遵循教育的规律，把教育的出发点和归宿放在学生成长这个目的上。我们即使要关注其他更多方面的利益诉求，也不能偏离这个教育目的。好学校要实现人与人的交流，情感与情感的沟通，生命与生命的对话。学校不仅要传授知识，启迪智慧，还要为学生提供平等自由、幸福愉悦的文化环境，使学校成为人生中最留恋、最值得回味的地方。在好的学校里，学生学习是很投入的，生活是很充实的，精神是很自由的，内心是很愉悦的，人格是很独

---

① 雅斯贝尔斯：《什么是教育》，邹进译，3 页，北京，生活·读书·新知三联书店，1991。

立的。在学校中，一切课程的开设，教育活动的开展，实践活动的组织，都只是手段，不是目的，学生的健康成长才是目的。所以教育不是规模化的流水生产线，也不是轰轰烈烈的几场活动，而是润物细无声的精耕细作。

因而，好的学校要有正确的教育价值追求和办学理念。我们把为学生终身幸福发展奠基作为教育价值追求，把立德树人作为学校的根本任务。好的学校要有好的教育生活。我们以追寻完整的教育生活、促进师生主动发展为办学理念，就是因循教育规律，还教育一个本色人生，还师生一种本真生活。

我们的学生会名副其实地由学生组织，承担着学生自主管理的责任；我们的艺术节让每名学生都乐在其中，尽情展示才艺和才能；我们的运动会也如此，历时近一个月，是学生盛大的活动；我们的校长杯足球赛、执信杯篮球赛，让学生尽情地释放青春；我们的社团活动，让学生不亦乐乎；我们的科技节，让师生可以听到高端的学术报告，可以看到学生脑洞大开的创造发明，可以参加科技游园活动；我们的读书节，到处展示好书及学生读书的心得分享。我们开展举办的各种活动不搞形式主义，不为搞活动而搞活动。我们的目的清晰明确，旨在让学生积极参与学校的教育生活，在参与中挖掘自己的无限潜能，为自己未来的成长奠基，使自己成为一名阳光、自信、大气的人。

好的学校要有好的文化，好的育人环境。文化是学校教育及其他活动的价值观念及行为形态，是学校的灵魂，植根于学校发展的历史进程中。学校文化影响学校的育人方式。另外，学校文化对学生有熏陶和潜移默化的作用，使学生的思想观念、价值取向、思维方式、行为习惯都烙上学校的烙印。

走进执信园，你可以处处感受到厚重的文化：拥有90多年历史的厚德楼、仁爱楼，红砖绿瓦，斗拱飘檐，古朴典雅，每一块石头似乎都在述说一段往事；校园干净整洁，错落有致，转个弯又是一种景色，无一不给师生美的享受。

好的学校要有好的教师。无论是国家的教育方针政策，还是校长的教育理念，最终都要靠教师在教育教学实践中落实。因此我认为，教师是学校最重要的教育资源，是学校教育的第一生产力。90多年来，执信中学一直延续名师名校传统，非常重视教师队伍的建设。1978年确定为省重点中学时，执信中学再次汇聚了一批德艺双馨的教师。

好的学校要有好的课程体系。学校教育是以课程为载体，通过课程的学习来达到教育目的。因此，课程建设的能力和水平是学校办学水平的重要指标。自2004年参加新课程改革以来，执信中学一直在探索建立具有学校特色的课程体系，以满足学生个性发展、多元发展的需求。经过十多年的积累，执信中学初步形成了"国家课程＋创生课程＋计划课程"的学校课程体系，为学生提供了丰富的课程。此外，执信中学还对国家课程根据学校和学生的实际进行校本开发，并根据学校的文化特点、办学特色及培养目标，设立了近百门学校课程。

在学校课程建设中，我们的指导思想是基于生活，立足实践，面向社会，强调与社会现实生活结合，让学生积极参与到课程的开发与学习中。我们希望通过特色课程让每一名学生都动起来。课程不仅渗透学科知识，也渗透生活技能、实践能力。

好的学校要有好的家校合作。凭借多年的教育教学经验，我由衷地感到家庭、学校和社会的三位一体的教育对学生成长非常重要。"养不教，父之过，教不严，师之惰"，这句话一言中的地道出了家庭教育与学校教育的责任区分，同时也让大家看到了家校合作的重要性。不可否认，一所好学校离不开家长的支持与配合。为此执信中学成立了学校、年级、班级三个层面的家长委员会，搭建了家校沟通交流的桥梁，以保持家校之间畅顺的沟通。执信中学的家长非常支持配合学校工作。他们大都比较忙，但仍能在百忙之中抽时间参与学校的教育活动。我们还建立了家长学校，采用创建"四层金字塔"办学模式，着力打造家长学校示范品牌。

好的学校要有好的成绩。没有高的升学率能不能算好学校？这是一个很现实的问题。纵观全世界的中学，凡认为自己是最顶尖的学校时，升学率高都是一个指标。我想说的是，学业成绩是学生成长的一项指标，尽管这一指标在现实中很重要，关系到能否在下一学段获取好的学位，但是一个学段的成绩决定不了学生的一生。我们关注升学率，更关注升学率背后的代价与成本。我们不会只为眼前的利益而忽略了学生长远的发展，哪怕学生、家长一时不满意不理解，我们也要坚持，因为我们相信终有一天他们会理解。除了学术水平与能力，哪些要素关系到学生的长远利益呢？

我想首先是学生的身心健康，这是基础。没有健康的体魄、健康的心理，学术和生活就失去了基础，即使才高八斗，也难以承担重任。其次是良好的习惯，包括道德、生活、思维习惯等。英国哲学家培根说过这样一句话："习惯是一种顽强的巨大的力量，它可以主宰人生。"最后是人的意志、品位、情感、审美能力等，这些关系到人幸福生活的能力。因此，在执信中学，学生不仅会学，还能在其擅长的领域展现才华。

有句话说得好，鞋子穿在自己的脚上，才知道合不合适。评价一所学校好不好，最有发言权的应该是在学校里学习生活的教师和学生。金杯银杯，不如师生、家长和老百姓的口碑。我在执信中学度过了人生执教的多半时光，非常欣慰的是执信中学的校友对母校的教育高度认同，并深深地爱着母校。我希望，无论身处何处，只要遇到执信中学的学子，就能听到这样的话语："老师，我忘掉了在学校里所学的全部学科知识。但在执信中学的学习生活经历，对我的学习、工作、生活产生了积极的影响。"

这句话我现在已经听到了，我希望一直听下去。

目 录

MULU

第一章

名库渊源　四海称颂

"执信"二字，名扬四海近百年；名校效应，备受世人瞩目；但凡提及，让人顷刻肃敬。其中蕴含对伟人的追忆，对执信文化的中肯，对老师诲人不倦的唱诵及对颖悟学子的钦羡。然而，执信精神远远不止这些。

　　百年前，我国内忧外患，然执信，临危不乱，不忘初心，贯彻始终。由此，执信中学吸引国内外名流，倾尽所能为其保驾护航。沧海桑田，谓世事之多变。执信中学一路走来，筚路蓝缕。如此，执信中学仍笃信笃行，在传承中创新，在创新中发展，在发展中壮大。执信学子顽力击楫中流，如脆弱的绿苗，在腥风血雨里，越发根深蒂固，发荣滋长。

　　黑格尔说："历史是一堆灰烬，但灰烬深处有余温。"薪火相传的温度，在执信人的血液中，奔流不息，发光发热。让人甚是不解的是，一所学校的精神，怎么可以濡染几代执信人？一时执信人，一世执信情。

　　万古流芳，追溯源头，恢宏卷轴，跃然铺开。

战乱年间，社会动荡，执信中学却依旧秉持"教育为神圣事业，人才为立国大本"的信念，将民国的风云岁月、万千变幻、悲欢离合，浓缩在小小校园中。孙中山、朱执信、廖仲恺、李大钊、蔡元培……一批批志士以他们强大的个人魅力及笃定的坚持，奠定了执信中学的精神基础，使厚重大气和育德立人的风气如桂花飘香，浸染了执信中学的血脉。

开办初期，执信中学高举传统配西学的教育旗帜，汇聚国内外名流，共同引领新学清流。时光荏苒，世人对朱执信的怀念有增无减，对执信中学的那份情怀情有独钟。

第一节 执信芬芳 以志伟绩

1924 年，国民革命风起云涌之际，孙中山先生高瞻远瞩，在广州亲手创办了一文一武两所学堂——国立广东大学（今天的中山大学）和黄埔军校。

1921 年，孙中山也创办了一所名校——执信学校（见图 1.1）。校名取自其亲密战友朱执信姓名中的"执信"二字。

虽然朱执信已离世，但他的精神仍在世间传颂。毛泽东在《中国共产党第七次全国代表大会的工作方针》中说道："以前有人如梁启超、朱执信，也曾提过一下马克思主义。"还说道："朱执信是国民党员，这样看来，讲马克思主义倒还是国民党在先。"（《毛泽东选集》第 3 卷，第 290 页）宋庆龄评价道："朱执信与廖仲恺是国民党中坚定地同孙中山站在一起，拥护他的勇敢行为和开明思想的人。"前广州市市长刘纪文先生深情

图 1.1 1921 执信学校——
历史沿革

3

悼念："吾人纪念朱先生，当知牺牲奋斗之精神，实为民族生存之奇宝，我国今日非以实力自卫不能生存，如果我们不肯为暴日之奴而让其自由宰割，则唯有彻底觉悟，兴奋起来，效法执信殉国之精神，于死中求生，杀开一条民族生存的血路，以拯救国家于危亡。"

朱执信，究竟为何引无数人为其唱赞歌？

朱执信（见图 1.2），原名大符，字执信，中国近代资产阶级革命家、思想家，汉族，祖籍浙江萧山，1885 年 10 月 12 日生于广东番禺（现广州市越秀区豪贤街）。父亲启连是当地有名学者，精通琴律，人称"琴王"，曾任张之洞幕僚。

朱执信身体力行，淋漓尽致地诠释了生命与学习的意义。他博古通今，皆因他精通四书五经，博览群书。

图 1.2　朱执信

五尺童子的朱执信听罢父亲诉说《马关条约》给中国带来的耻辱后，竟忍不住痛哭流涕，表现出不同常人的成熟。他立志驰驱国事，期得一当。

朱执信 13 岁那年，其父母均染上鼠疫。为了避免家人传染，懂事的他把父母搬移到离家不远的空房子，独自数月服侍父母吃喝拉撒，寸步不离。然而，他的孝心未能挽回父亲的生命。父亲过世后，他拖着疲惫的身体继续照顾母亲。三年后母亲再次染病，朱执信一如既往地昼夜在床边服侍。

弱冠之年的朱执信拥有过人的才识，17 岁撰写《读辛幼安南渡录感叹题后》一文，主要阐发自己反抗清政府镇压人民的思想，这篇文章被广雅书院（今广州广雅中学前身）拟取为文学第一名；19 岁参加官费留日考试，以第一名的成绩被录取，取得官费赴日留学资格；21 岁以优异的成绩毕业于东京法政大学；23 岁撰写《德意志社会革命家小传》一文，详细阐述了马克思、恩格斯的革命活动，还翻译了《共产党宣言》《资本论》的片段。他评价《共产党宣言》："马尔克（马克思）之事功，此役为最。"他的这些著作为五四运动奠定了一定的思想基础，对后世产生了深远影响。

天纵英才的朱执信是一位革命理论家，也是一位杰出的文学家。他文采斐然，34 岁时创作《毁灭》等三篇新诗，小说《超儿》，以及数十首旧体诗、对联。

朱执信先后担任过《民报》《建设》等报刊的编辑，发表了一系列政论文章，阐发孙中山的三民主义，驳斥保皇派的改良理论，推崇民生主义，肯定社会革命不可避免，主张用革命手段推翻卖国的清政府，创建独立的中华民国，极大地推进了革命进程。

朱执信在日本就读期间，结识了孙中山、廖仲恺等革命党人。20 岁时，他加入中国同盟会，任同盟会评议部议员兼书记，成为最早的会员之一和骨干力量，跟随孙中山走上了民主革命的道路，这为他在思想界大放异彩、在军事上功高不赏奠定了基础。多年来，朱执信说服引导教育各地绿林、会党，组织革命武装，至辛亥革命前，联络统帅民军过十万。1909 年，仅反清的广州新军就有三千人，占广州新军的一半。在广州起义和武昌起义中，朱执信英勇奋斗，决心坚不可摧。1911 年 11 月 9 日，广东独立，建立军政府，朱执信建立首功。

胡汉民在《朱执信先生的人格与学问》一文中评价朱执信："辛亥革命时，广东当时的独立，全由先生计划运动驾驭，然后方得成功。"

然而，革命的进程是曲折的。1913 年"二次革命"失败后，朱执信离开广州赴沪，旋即又至日本，加入中华革命党，任中华革命军广东司令长官，参与孙中山领导的反袁斗争。1914 年至 1916 年，他先后策划反袁斗争，主持驱逐龙济光的军事活动，在新加坡和马来西亚为讨袁筹款，在广东各地策划一系列武装斗争。在失败面前，他凭借精准的判断力及智慧的军事谋略，扭转局面，转危为安。在 1917 年"护法运动"中，朱执信任孙中山大元帅府军事联络员等职。五四运动后，朱执信在上海创办《建设》杂志，拥护孙中山，坚持革命。可以说，朱执信是辛亥革命推进的核心力量之一。

然而，天妒英才的悲剧不幸降临于他的身上。正如孙中山所说的："世界之奇才必早死兮，若文学界之摆伦，物理学之赫支，音乐界之苏伯特，政治界之拉沙儿，前例既历历可举兮，世称为自然界之忌才。惟君之死乃以身殉祖国兮，树永久之模范于将来。"（1920 年 2 月 27 日，护法军政府在旧省咨议局大会堂举行朱执信先生追悼大会，孙中山并军政要员等出席追悼大会。孙中山在会上宣读《挽朱执信文》）

究竟是什么原因，致使英雄过早陨落呢？

第二节　英雄殉国　弦歌相继

南宋抗金英雄岳飞在《满江红·写怀》中写道：

怒发冲冠，凭栏处、潇潇雨歇。抬望眼、仰天长啸，壮怀激烈。三十功名尘与土，八千里路云和月。莫等闲、白了少年头，空悲切。

靖康耻，犹未雪。臣子恨，何时灭。驾长车，踏破贺兰山缺。壮志饥餐胡虏肉，笑谈渴饮匈奴血。待从头、收拾旧山河，朝天阙。

岳飞此词，写出了保卫祖国疆土的壮志，激励着中华民族的爱国志士。千载后读之，凛凛有生气焉。词中表达的大无畏英雄气概和洋溢的爱国主义激情，与民主革命家朱执信有着相同之处。朱执信为了挽救并振兴灾难深重的中华民族，旦夕思奋，未有怠荒。然而他最终还是难逃天妒英才的悲剧，为国献出了自己年轻的生命。

1920 年 9 月 21 日，一位 35 岁的伟人倒在血泊中，心脏停搏。举国沉寂，为其流泪。这个人就是朱执信。

我们将时间回拨到 20 世纪。1911 年，孙中山领导辛亥革命，建立了中华民国，被推选为中华民国临时大总统。但是，胜利的果实很快被北洋军阀袁世凯篡夺了。

1918 年 5 月 4 日，孙中山在陆荣廷、唐继尧等人的逼迫下，辞去军政府大元帅的职务。孙中山和朱执信为了反对军阀统治，策划援闽粤军回粤，驱逐桂系夺取广东。后来桂系军队一败再败，纷纷溃散。其中虎门要塞司令脱离桂军，宣布独立。此时由邓钧率领的民军在邹鲁的策动下也攻入虎门，要求收缴桂系军阀冯德辉降军枪杆。桂军不同意，降军与民军势同水火，双方都要求朱执信出面调停。

朱执信认为，降军和民军都是为了驱逐桂系军阀，不应发生内讧，于是准备前往。此时革命党人指出降军内部情形复杂，必须慎重从事，以防意外，力劝朱执信不要前往。朱执信坚信，只要对大局有益，不必计较个人安危。他于1920年9月21日与何振由虎门沙角炮台到龙溪，约请邓钧商议。邓钧约朱执信与何振到东校场邓营商议处置民军与降军的枪械问题，但就在朱执信与何振准备离开之时，桂军忽然反攻，包围了民军，枪弹如雨。朱执信被乱枪击中多处，不幸遇难，年仅35岁。

当朱执信牺牲的噩耗传到上海时，孙中山十分痛惜："使我党失此长城。"他一再称赞朱执信是"最好的同志""为中国有数之人才"。

1921年1月16日，朱执信归丧于广州东郊驷马岗（今先烈东路），孙中山亲自步行执绋。不仅如此，每到朱执信的祭期，孙中山也以庄严肃穆的仪式来致敬这位为国捐躯的亲密战友。据1921年9月22日《广东群报》记载："昨二十一日为朱公执信在虎门殉难一周为期，孙大总统以朱公功在民国，特于是日上午十时偕同其夫人乘坐摩托车，前往驷马岗朱公墓地至祭，护行者有总统府参军吴铁城、杨德源及副官两人。是日省中各要人暨各团体亦连群结队同往致祭，而尤以学界工团为最踊跃。是日粤军航空局长朱卓文，特饬飞行员周宝衡、吴东华、蔡司度等，于午十一时，驾驶大号飞机前赴驷马岗坟场翱翔空祭，循绕数匝，约历时数十分钟。散下航空局咭片千余长，以志悲悼。旋即徐徐降下。惟当各界致祭时，闻空中机声轧轧。犹想见当年我军返旆情形，哀感万分。咸欲继承朱公未来之志，暂除国贼，以尽后死之责云。"

陈独秀也以挽联的形式高度评价了朱执信的人生价值：

"失一执信，得一广东，得不偿失；生为人敬，死为人思，死犹如生。"这是陈独秀为朱执信所作的一幅挽联。

朱执信自投身革命起，便立下决死为国之志。在短暂的一生中，他参加过无数次战斗。每逢冒大险之前，他都会给家人留下"诀命书"，以示义无反顾的决心。"吾本东西南北之人，不自珍惜，亦不耐投闲，冒险杀贼，尚差足以自快，家中视吾已死可也。"这是朱执信在给家人和朋友的信中经常表达的生死观。

朱执信牺牲之后，廖仲恺等人联名向孙中山上书，提出"建立执信学校以志纪念，敬朱先生其志愿之宏、功业之伟，竟先生未竟之志"的建议。孙中山采纳了众人的建议，决定建立执信学校，纪念这位为了民族事业贡献一切的杰出战士。

经商定，廖仲恺、胡汉民、汪精卫、邹鲁、孙科、许崇清、金曾澄7人为筹备员，成立筹备会，广为发动社会各界人士参与。凡捐款500元以上者即列为发起人。仅两个多月，捐款发起者就有630余人。

为纪念和表彰朱执信对革命的贡献，以他的名字命名的执信学校由此诞生了。开学时，孙中山亲临致辞，称颂其为"革命实行家，又为文学家"。

已故的人们都不曾想到，他们当年历尽艰辛创办的执信学校，经过近百年的风雨，薪火从未间断，一直相传且弦歌不辍。

建一所学校需要政府的支持，需要足够的资金、足够的师资，还需要全面的规划及多方的交涉，光是前期的准备就花费多年的时间和数不清的人力物力。当时，各党派忙于战争，资金紧缺，人心惶惶，步履维艰，成立学校又不是一朝一夕的事。然而，"沉舟侧畔千帆过，病树前头万木春"，艰难的门槛始终阻挡不了时代的必然与伟人的决心。执信中学在筑校的过程中，确实创造了奇迹。

第三节　百废待举　创校奇迹

民国初期，广东政局动荡，军阀战争频繁，教育经费匮乏，学校员工工资无法得到保障。公立学校难以发展；私立学校也因社会动荡不安，遭遇难以发展的窘境。五四运动时期，中国知识分子反思中国传统文化，把用民主与科学反对封建迷信的思想推广到全国群众。提倡新思想、新文化成为一种风气，促进了文学革命的深入和广泛发展，开创了中国文学时代，使中国科学和教育的发展进入了一个崭新阶段。探索强国之路的新文化运动的发展，在否定中国旧式封建教育的同时，逐步引进西方资产阶级先进教育学说和主张。

1920年，广州第一通俗图书馆在南关石基里设立，以推动民众教育。同年12月，陈独秀应陈炯明之聘来到广州任广东省教育行政委员会委员长。陈独秀用行政力量提倡平民教育，整顿中等学校，推行男女同校。这一时期，广州的平民教育也开展起来。当时广州很多中小学，甚至一些高等学校为推行平民教育，纷纷办起了平民夜校。

在此背景下，除了对执信精神的继承和发扬外，办校也是顺应当时历史潮流的。

孙中山自己先捐款一万元，接着派陈璧君、李佩书到美国请华侨捐款。孙中山在给美国三藩市同盟会支部的信里说："执信学校需款甚切……务望诸同志热心捐助，并乞求广为劝捐，以示尊崇先烈，造就人才之意。"

1921年10月1日，执信举行隆重的开学仪式，除孙中山、宋庆龄外，参加开学典礼的还有来自社会各界的名流：广州市市长孙科、中华民国政府总参议胡汉民、广州市教育局局长许崇清、教育委员会会长陈白华、广东大学教育长金曾澄、执信学校代理校长廖奉恩（曾醒因事在上海未回，由廖奉恩代理校长一职）等。最初校址是在越秀山南麓的应元书院旧址，名为私立执信学校。首任校长为留法教育家曾醒（1924年国民党一大被选为中央执行委员会妇女部部长）。私立执信学校从1921年6月1日开始筹办到正式开学只用了四个月的时间，这在那个动乱的年代，堪称奇迹。

越秀山冈峦起伏，林木苍翠，四周幽深寂寥，乃是古代学子静心读书的理想场所。清代后期，越秀山南麓并存过三间有名气的学府：学海堂(1824—1903)、菊坡精舍(1867—1903)和应元书院(1869—1903)。应元书院停办后改为广东先孝祠，供奉已故的各书院的山长、学长。1908年，与1867年兴办的菊坡精舍合并为广东存古学堂。

一所学校从创办上就引起各方重视，说明这所学校不仅仅是学生学习的地方，还是传承革命理念的地方。孙中山先生曾说道："吾辈即以中国改革发展为己任，虽石烂海枯，而此身尚存，此心不死。既不可以失败而灰心，亦不能以困难而缩步，精神贯注，猛力向前。应乎世界进步之潮流，合乎善长恶消之天理。则终有最后成功之一日。"①改革发展任重而道远，其中会牵涉许多因素，也有突如其来的阻碍。但无论未来有多迷茫，教育始终被孙中山视为重中之重的一环，他也因此投入了大量的精力。

私立执信学校的成立，是在孙中山为少年中国的崛起必须兴学育才的理念的支撑下实现的。孙中山曾经说过："盖学问为立国根本。"②他在就任临时大总统的前夕，在一次向青年学生的演说中说："革命胜利以后，百废待举，需材殷切，勉励大家要立志献身于国家的建设事业，并成为将来建设的中坚。"③孙中山在讲话中强调的立志，就是立下挽救民族危机、实现国家富强的大志。

在执信中学立校初期(见图1.3)，历史赋予了她执信精神：执德至弘，信道至笃。前执信中学校长、朱执信先生的夫人杨道义女士在《朱执信先生殉国十周年纪念册》的发刊词中对执信精神的论述如下："……此种历久不复坏，外力不能催之精神，从何而致。非骛于虚名，激于意气，或图一时之利，或求一时之功，所能侥幸而滥获。必也抱一定之主义，具救世之至诚。执德至弘，信道至笃，然后能死生不易其操，艰危不变其节，以其至大至刚之精诚，为世界图永久的幸福，其精神所注，

① 杨博文：《孙中山大传》，245页，北京，团结出版社，2016。
② 安树芬、彭涛琅：《中华教育通史》，2063页，北京，京华出版社，2009。
③ 林家有：《孙中山与中华民族的复兴》，133页，广州，中山大学出版社，2017。

普及于全国全世界而无不遍，故人之感之也，能深入而长存。"

图 1.3 建校初期的教室

执信中学是纪念伟人的徽章，是理念传承的火炬，在精神上和物质上对师生百倍呵护，真正让学校成为教育的圣地。

执信中学的发展离不开人类灵魂的工程师，也离不开学校的支持者。执信中学的筹备会和后来的校董会人员，无一不是国内政治界和文化界有资质人士。

第四节　名流校董　垂范百世

近代革命家、教育家蔡元培曾说过："教员之教授，职员之任务，皆以图诸君求学便利，诸君能无动于衷乎？自应以诚相待，敬礼有加。至于同学共处一堂，尤应互相亲爱，庶可收切磋之效。不惟开诚布公，更宜遵义相助，盖同处此校，毁誉共之。同学中苟道德有亏，行有不正，为社会所訾詈，已虽现行矩步，亦莫能辩，此所以必互相劝勉也。"（1917 年 1 月 9 日，蔡元培先生在北京大学发表的就任北京大学校长的演说）

这段话详细地说明了学生应如何对待老师，如何对待同学，以律人之心律己，以宽己之心宽人，无疑对学生的成长有着指导性的作用。可见教育者的优秀程度对学生的终身发展起着重要的指导作用。教育者自身有高尚的品质，学生受其影响，才能成才。因此创办学校必须要有足够优秀的教育者，为学生树立榜样。

在当年，创办执信学校是国民政府的一件大事。孙中山提出要组织校董会，校董会"以维持执信学校之永久存在"。校董必须是"文化界卓有学问经验者"。

孙中山指定廖仲恺、孙科、胡汉民、汪精卫、邹鲁、许崇清、金曾澄 7 人组成筹备委员会，然后提出组织校董会。结果有 25 位社会名流自愿担任校董，后又增加 8 人，1 人离开。

25 位校董组成人员，或是中国共产党的创始人，或是国民党元老，或是新文化运动的主将，或是杰出的教育家，或是大学校长，或是广东省省长，或是广州市市长。当时新闻报道说："校董皆为海内名流。"这些校董不仅决定学校的发展趋势，还决定中国社会的命运和前途。我们翻看部分校董的履历，可以看到他们为革命、为国民教育奔走呼号的身影。

胡汉民（1879—1936），广东番禺（今广州市番禺区）人，原名衍鸿，字展堂。他 21 岁中举人；1902 年和 1904 年两次留学日本；1906 年毕业于东京法政大学速成科；1905 年秋加入同盟会，任书记部书记、同盟会机关报《民报》编辑；1909 年任同盟会南方支部长，成为孙中山的重要助手，曾先后在南京临时政府、中华革命党、广东护法军政府、中华民国（广州）非常大总统府中担任要职。主要职务有广东军政府大都督，中华民国南京临时政府秘书长，中华民国政府总参议兼文官长、政治部长。五四运动后，胡汉民在上海参加创办《建设》杂志，撰文对学生爱国运动和新文化运动表示同情和支持。1924 年 1 月，胡汉民出席在广州召开的国民党第一次全国代表大会，被孙中山指定为大会五人主席团成员之一。他赞同大会确定的"联俄、联共、扶助农工"三大政策，被选为中央委员会执行委员。1924 年 9 月，孙中山率北伐军到韶关，由胡汉民留守广州，代行大元帅职权，兼任广东省省长。

李大钊是中国共产党创始人之一，1907 年考入天津北洋法政专门学校，1913 年毕业后入东京早稻田大学政治本科学习。战乱动荡的年代，艰辛备尝的生活，使李大钊从小养成了忧国忧民的情怀和沉稳坚强的性格。1915 年，日本提出灭亡中国的"二十一条"，李大钊积极参加留日学生的抗议斗争。他起草的通电《警告全国父老书》传遍全国，他也因此成为著名爱国志士。

1916 年李大钊回国后，到北京大学任图书馆主任兼经济学教授，积极投身新文化运动，成为新文化运动的一员主将。他以《新青年》和《每周评论》等为阵地，相继发表了《法俄革命之比较观》《庶民的胜利》《布尔什维主义的胜利》《我的马克思主义观》《再论问题与主义》等大量宣传十月革命和马克思列宁主义的著名文章和演说，阐述十月革命的意义，讴歌十月革命的胜利，旗帜鲜明地批判改良主义，积极领导和推动五四爱国运动的发展，成为中国共产主义的先驱、我国最早传播马克思主义的人。

蔡元培是民国初年我国教育界、思想界、学术界贡献最大、影响最深的人物之一，是近代革命家、教育家、政治家，也是中国近代民族学研究的先驱、中华民国首任教育总长。

1916 年至 1927 年，蔡元培任北京大学校长，革新北京大学，开"学术"与"自由"之风。1920 年至 1930 年，蔡元培兼任中法大学校长。1928 年至 1940 年，蔡元培专任中央研究院院长，积极开展学术研究。

廖仲恺是资产阶级民主革命政治家、国民党左派领袖，广东归善（今广东省惠州市惠城区）人，曾参加"二次革命"和"护法运动"，是孙中山改组国民党、实行国共合作的积极参与者和忠实支持者，先后任国民政府委员、国民党中央工人部长、省港大罢工委员会顾问等职，积极支持工农运动，担任执信学校校董时为广东财政厅厅长，后直至广东省省长、财政部部长，协助孙中山一手创办黄埔军校。

何香凝是廖仲恺的夫人，新中国成立后任全国人大常委会副委员长、全国政协副主席等职务。

还有金曾澄、汪精卫、伍朝枢、许崇清、邹鲁、陈璧君、陈廉伯、陈耀祖、霍芝庭、戴季陶等，这些人在当时几乎构成了半个国民政府。

苏联著名教育实践家和教育理论家苏霍姆林斯基认为："教育者的个性、思想信念及其精神生活的财富，是一种能激发每个受教育者检点自己、反省自己和控制自己的力量。"①执信学校对教育理念和内容进行把关，让执信学校学子接受先进的教育，同时自身的魅力也驱散愚昧落后的风气，为学生树立了学习榜样。

然而，战乱的社会决定了办校的艰难，即使有名流数年来战战兢兢地细心守护，执信学校也难逃一颗炮弹的瞬间炸毁。

第五节　横遭兵祸　名庠重生

1921 年 10 月 1 日，孙中山携带夫人宋庆龄亲自到场（见图 1.4）。孙中山在开学典礼上是这样说的：

"执信先生为革命实行家，又为文学家。中华民国之有今日，实赖执信先生之毅力感化同党，及感化国民有以致之。先生不论何役战争，皆曾参与，且必躬冒矢石，不避艰险。先生复邃文学，著作等身，无一不非惊人之论，先生不止有文武兼备之革命实行家，论其一生行为，算是中国之明星。

去年粤军返旆之役，先生以救国救乡之故，不幸竟以身殉。今同人等设立斯校，无

图 1.4　1921 年 10 月 1 日，孙中山偕宋庆龄出席执信学校开学典礼并致辞

---

①　张万祥：《苏霍姆林斯基教育名言》，18 页，天津，天津教育出版社，2008。

非为纪念先生，及冀望后死者继先烈之志起见。愿诸生人人皆学执信先生之毅勇果敢以求学，及改造未来之社会，以完成一庄严璀璨之中华民国，有厚望焉。"（1921年10月3日《羊城新报》）

然而，开学的钟声还没远去，考验办学者的时刻马上到了。执信学校在开学第二学期正准备举行期中考试的时候，就出现了厄运。1922年6月15日晚至16日凌晨，孙中山总统府突然遭到重炮轰击，粤军总司令陈炯明叛变。执信学校毗邻总统府，也遭到炮火袭击，后来又遭到叛军洗劫和捣毁。本来就是一间古旧的书院，此时更加破败不堪。

学校是否继续办下去？学生将何去何从？

其实在这件事情发生之前，孙科就开始筹划新校区的选址工作。经过省政府批准，新校区收用先农坛昆连荒地，具体位于广州市东郊东沙路（现在的执信路），包括细竹丝岗、螺岗、大眼岗，面积约95000平方米。

由于时局动荡，新校区1926年才开始奠基动工，1927年8月第一期建筑才落成。据《执信学校概况》第二章《本校史略》记载："本校建筑计划共分三期，本年（1927年）8月第一期建筑落成，计用经费三十余万，其间课室两座，宿舍一座，膳堂一座，规模颇伟，足敷六百余学生修学食宿之用。""民国十八年（1929年）秋，中学生来学者众，班数益增，宿舍不敷，因另建小学男生宿舍四座，次年，复建教员宿舍一座，小学膳堂一座，女生宿舍一座，后又建礼堂一座。"强调"务建百年树人之基，为执信先生垂永久之纪念，为党国造就革命之人才"。

这里所说的课室两座，就是现在的南楼和北楼两座红楼。执信学校初建时，分中、小学部，男女同校，共400多人；1927年迁入新校后，增设高中师范科。1928年，陈济棠任广东省省长时以男女同校有碍"礼教"为名，建议实行男女分校，将执信学校的男生拨入省一中，省一中的女生拨入省女中和执信学校。于是，执信学校被改名为执信女子中学（见图1.5）。直到1968年，经历了40年的时间，执信学校才恢复了男女同校，校名更改为广州市执信中学。

图 1.5　执信女子中学校景

　　90 多年前的执信中学，周围是一片农田，有农民戴着草帽的身影。执信中学的建筑是青灰斜顶、雕栏玉砌的，映衬常绿乔木，既中西合璧，又古色古香，是荒野田畴里难以忽略的光亮。执信中学内部学习氛围浓厚，热闹非凡。学生在青灰色斜顶的岭南建筑里全神贯注，畅游在知识的海洋中。图书馆书香弥漫、整齐划一，实验室设备先进、功能齐全，简洁淡雅的走廊上人影幢幢，稚嫩的笑声在空中回荡。在先进教育理念的指引下，体育也已"身居要位"。课间，学生们穿着校服，在教学楼前的空地上听着广播整齐做操，脸上洋溢着青春的笑容。

　　执信中学 1952 届校友区可明在《历史的印记　铿锵的岁月》中写道：

　　自民国十五年（1926 年）二月体育改型选科制以来，各生对于体育之兴味渐觉渐厚，虽非上课时间，亦能自由练习，或相互比赛。选手更于早晚课余，一致努力练习，每与晨光熹微之际，却有闻鸡起舞之声，其兴味之浓厚，于此可见。至于练习比赛之目的，不在好胜夺标，而在养成高尚之品格，与乎健全之体魄。故两年以来，无论校内外比赛，各生颇能礼让自持，不斤斤于胜负。计校内比赛，改制后增开运动会二次，成绩颇有可观。至于校外比赛，则于十五年五月中旬参加广东省第十次运动大会。此本校选手，计中学男生五人，女生十五人，小学男生二人，女生九人，小学男生一人，女生十二人，共二十四人。运动结

16

果，本校女生成绩最优，获女子团体全场冠军，女子田赛冠军，女子替换跑冠军三种荣誉。女子个人全场第一名，亦属本校小学女生陈若兰君。至于中学男生曾宗照君，其径赛成绩亦显特殊执进步，可为本校体育前途喜也。

美好的校园生活离不开尽责的守卫者。当时的学校很注重安保意识，保卫工作做得很到位。省公安厅特设驻校分所一所，派出 40 名警察，分布到 11 个点站岗。

在生活上，学校对学生的照顾无微不至，替学生雇请洗衣工人，代收洗衣费 8 元（平均每月 1.6 元），规定每学生每月限洗衣物 70 件，超过者加收费用。洗衣部每日收取两次衣服：上午七点和下午六点。

那个年代学校用水很特别。执信学校因为远在郊外，所以没接通自来水，只有 5 口水井可以使用。

路漫漫其修远兮，吾将上下而求索。历经沧桑的执信学校，一直都走在求索的路上。

第六节 狂风骤雨 凤凰涅槃

"天方国古有神鸟名'菲尼克司'，满五百岁后，集香木自焚，复从死灰中更生，鲜美异常，不再死。"这是郭沫若创作的《凤凰涅槃》的开头。诗人笔下的凤凰形象壮美且崇高。她大胆否定陈旧的事物，严厉斥责浅薄猥琐的群丑，向往新鲜、净朗、华美、芬芳的新世界，体现了反帝反封建的精神和乐观主义气概，充分表达了破坏旧事物创造现世光明的进步社会理想。这样强烈的情感似乎也与执信学校的逐步发展有微妙的联系。

校舍艰难重建过后，执信学校的教育发展依然与动荡的历史博弈。她举步维艰，却仍在行进中细心慎重地呵护学子，始终坚持先进的教育理念，反对愚昧迷信，守护不变的初衷。执信学校像是在篮球场上单手运球的少年，战战兢兢，如履破冰，眼观四路，害怕因再次受到攻击而失去球，渴望能如愿以偿地把球投进扭转落后局面的篮筐。这是学校与时代的博弈，甚至是强国与弱国之间的较量。

建设的路，迷雾弥漫。下一步是平地还是沼泽，执信学校无可得知。乱世间，学习变成了奢侈品，教育也会受到一定影响。但执信学校仍不放弃民族的未来，既让教育保持正确发展方向，又为学生创造最好的学习条件。有这般笃定、这般信仰，执信学校最终苦尽甘来春满园，姹紫嫣红别样情。

执信学校成立之初，实行"六三三学制"，为全国试行"六三三学制"最早的学校。1923 年，东沙路竹丝岗新校舍建成，执信学校迁入新校舍。新校舍设备完善，有教学大楼、礼堂、师生宿舍、实验室、图书馆、操场等，可容师生 800 余人。1924 年，执信学校增设高中师范科。在大革命期间，校内民主和革命气氛浓厚。1925—1926 年，执信学校先后派学生黄楚夫等人赴苏联等国留学。1927 年秋，杨道仪任校长。执信学校在国民党右派控制下，推行资产阶级奴化教育。1932 年，执信学校在西关宝华正中约设分校，招初中和附小生。这时主校已有高中 9 个班，初中 6 个班，共 600 余人。1937 年，执信学校迁校南海碧村；1938 年 10 月，再迁校澳门；1940 年 9 月，由金曾澄接任校长；1941 年 12 月，太平洋战争爆发后，迁乐昌县（今乐昌市）；1943 年，改为省立执信中学，同时招收男生和女生；1943 年 7 月，由林宝权继任校长；1944 年底，乐昌沦陷，迁校仁化恩村；1945 年抗日战争胜利后，在广州东沙路原校址复课；不久，又恢复为女校；新中国成立后，为逃难而被迫搬迁的厄运宣告终结（见图 1.6）；1953 年，改为广州市第一女子中学；1966 年，改为红女中学；1969 年，更名广州市第 55 中学。1968 届校友杨安坪回忆道：

到农村去，到边疆去，到祖国最需要的地方去。1968 年 11 月 6 日，执信老三届在上山下乡的洪流中，胸戴大红花，到越秀山运动场开完万人誓师会后，挥别了亲人，登上了前往海南岛的轮船，踏上了上山下乡的征途。……艰苦的劳动，既是体力的考验，又是意志的磨炼，有时候我们也觉得太累太苦。我们会想到老首长的教导，老工人的模样，也会想到执信母校老师们对我们的循循教诲：青年人的理想，要通过努力来实现。我们班的黄沙在执信时就是班长，来到兵团后处处严格要求自己，哪里工作最艰苦，哪里就有她。记得在清理河泥大会战，要在河中筑坝拦水挖泥。那时正是寒冬，她带头喝一口酒，就大无畏地跳入冰冷刺骨的河水中带头干了起来。黎明，在执信时是体育委员，十分精干，工作任劳任怨，成为一个新建连队的副指挥员；范玲，在执信时是文娱委员，在兵团既活跃在激励士气的宣传队，又能挑起百斤的担子往前冲；黄英连，朴实真挚，勤奋好学，成为连队受人欢迎的卫生员；邱东友和冯淑坤，工作踏实肯干，再苦再累也从无怨言，多次受到表扬。

杨安坪在回忆青春岁月时，不是对开荒砍坝的困苦的埋怨，而是难忘在执信中学受到的严格教育，在浓郁的校园文化氛围中得到的熏陶。他生命中的那段激情岁月，仍激励着他对理想事业执着地追求。

图1.6 1949年从外面拍摄的"执信"正门—历史沿革专用

历史的车轮驶向了民族复兴的轨道，科学的春天召唤着祖国人才的成长。1978年，广州市第55中学复名为广州执信中学，被定为广东省、广州市重点中学。改革开放以来，执信中学多次承担和出色完成多项国家级和省市级的教育科研任务，培养了一支团结奋斗、励精图治、师德高尚、治学严谨的教师队伍。1994 年，执信中学被评为首批广东省一级学校。2006 年，执信中学通过首批广东省国家级示范性普通高中督导验收。

由此可见，建校以来，执信中学与时代风雨同舟，荣辱与共，虽历尽沧桑，但挺拔峥嵘。莘莘学子，肩负重任，足迹遍布世界各地。

在新时期，执信人一直在思考如何确立有自己特色的办学理念，以教育现代化的手段全面提升执信中学的办学水平，成为勇于改革创新的领跑者。近年来，执信中学全面贯彻党的教育方针，全面推进素质教育，从学校实际出发，确立了以学生发展为本的教育思想，努力构建有利于创新教育实施的新型管理模式，注重对学生技能的思维的训练，逐步开发以培养学生创新精神和实践能力为重点的学校课程，为推进和深化素质教育闯出了一条新路子。

与此同时，执信中学还建立了科学的管理机制，使学校管理严谨、高效，保证了办学水平持续稳定提高；认真贯彻第三次全国教育工作会议的精神，在办学体制改革方面进行了积极探索；参与全国德纲实验，成了课程改革样本学校；建立了全省第一个历史专用课室、地理专用课室、陶艺活动室、特级档案室……扩大了学校办学空间，以增强自我发展能力，先后创办了公办民助的南海执信中学和民办的番禺执信中学。今时今日，执信中学制定了跨世纪的发展目标，增创发展新优势，努力把学校办成现代化中心城市的窗口学校，使教育事业再攀高峰。

执信奇迹，源远流长，一脉相承。何勇校长在 2016 学年开学典礼上说道：

站在 95 年的门槛上，回望走过的路，中山先生创办执信学校的初心是什么？中山先生在执信学校开学典礼上讲得很清楚，一方面是纪念执信先生的丰功伟绩，另一方面是希望执信学子传承先生毅勇果敢、诚信正直、好学执着的品格，刻苦求学，努力成才，成为推动社会进步的人。执信从她诞生之日起，就承载了不平凡的使命。……一代又一代的执信人，在伟大使命的召唤下，经历了筹费建校、移建新校，抗战中数迁其址，辗转办学，弦歌不辍；经历了女子中学和男女同校的办学实践，几易其名，然薪火相传，不坠青云之志。95 年的天翻地覆，95 年的日照雨润，执信的沃土上已然根深枝繁，人才辈出，廖承志、蒲蛰龙、张素我、黎克、伍竹笛、秦桂芳、陶斯亮、黄国平、魏钢、黄薇、何淑娴、司徒潮等，一批批杰出校友的名字享誉华夏。

在执信，即使是建筑，也身负使命。门楼上"崇德瀹智"的校训，厚德楼门楣上"厚德载物"的碑刻，穿越 90 多年的时空，让我们时时警醒。在执信工作近 30 年，我深深懂得这使命背后的沉甸甸的分量，常常告诫自己，努力工作，兢兢业业，从来不敢有一丝懈怠。历代执信人也和我一样，在伟大使命的召唤下，殚精求知，笃志力行，尚严善导，以身立教。全校的教职员工，从走入崇德瀹智门的那一刻开始，就时刻告诫自己：不忘初心，不辱使命。95 载的不易，95 载的希望，95 载的坚持，都化为如今命脉，其中跳动的精神光辉，滋养执信人的心田，在年轻的生命里，活出"少年强则国强"的气魄。

执信建校的成功，在猩红色的历史里，尤为可贵。从建校初期到办校的巩固，从学校的创立到名流校董的加入，从片刻的摧毁到繁难的重生，执信的发展是不灭的传奇。她经久不变，如在硝烟弥漫的战场上屹立不倒的飘扬军旗，如巍峨的深壑绝壁上凌寒独放的雪中红梅，如热带的澄澈海边上冉冉升起的似火朝阳。

执信的厚积文化，在岁月长河里，如涌动暗流，如粼粼波光，至今，生生不息。

第二章

文化熏陶　礼乐齐鸣

关于文化的定义有很多，一般说来，文化指人类在社会历史发展过程中创造的物质财富和精神财富的总和。它首先满足人的成长需求，其次满足人的求知需求，最后满足人的发展需求，让人如沐春风。用梁启超的话来说，"文化是人的生存与发展的方式"。文化于人，是精神上的滋养；于物，是使之满灌的力量。之所以执信中学在教育界的地位难以被撼动，是因为执信文化有强大的力量。惹人发问的是，执信文化有何特别之处？

纵观执信文化，你会发现她的核心吸取了中国文化推崇的"中、和、用"的理念。

所谓中，"中也者，天下之大本也"。执信中学在培养德行、启迪智慧方面，从人的发展的角度考虑。执信中学在校训上"崇德瀹智"，在精神上"执德至弘，信道至笃"，在气质上"厚重大气，民主包容"，在教风上"殚精求知，笃志力行，尚严善导，以身立教"，在学风上"博闻强记，多思多问，取法乎上，持之以恒"。

所谓和，中国历来讲究人与人的和谐，君子和而不同。在执信中学校园内，师生之间、生生之间的倾心交谈，无不精准地诠释着执信文化的特有属性——和而不同。

所谓用，有实用和大用之分。中国文化不爱"花拳绣腿"，注重实用；进一步表达，还要大用。旁观者或许无法体会执信文化的内涵，但通过执信学子的成长硕果，便可知拥有近百年历史的执信文化的根底有多么深厚。

中华千年文化，执信浓缩精华。执信文化长久育人，如盘郁错乱的厚实树根，支撑起巍然入云的参天大树，始终蓬勃。执信中学能守住教育，守住文化，其艰难程度非同一般。

在落后闭塞的国度里，执信中学高举文化办学的旗帜。校园内学习氛围一派祥和，礼乐齐鸣。为顺应时代发展的需求，执信中学既传承文化，推陈出新，又面向世界，博采众长。执信中学的老师以课程为本，精心研改校训。校训于他们眼中，是一种气质，一种性格，一种精神。他们以学生健康成长为目的，不断丰富课程内容，跟随其后，思考越来越多的问题：学制与师资，制度与发展，建筑与环境等。

第一节　校训文化　一脉相承

执信中学的校训在 20 世纪 20 年代是"革命好学"，在 20 世纪 30 年代是"崇德瀹智"，在 20 世纪 80 年代是"勤奋、求实、创造、献身"。这三个校训的精神实质是一致的，但"崇德瀹智"的表现形式更隽永含蓄，内在意蕴也更丰富深远，耐人寻味，给人更广阔的思索和想象的空间。所以，在 2000 年 8 月，学校第五届教职工代表大会第五次会议通过讨论，表决恢复"崇德瀹智"的校训。

"崇德瀹智"是 1932 年执信中学校董，曾任广东省政府主席、国民政府主席的林森先生提出来的。

校长刘仕森在《崇德瀹智：解读与建构》一文中，对这个校训有过相当精辟的解读。他认为，从字面上看，德，指德性、品格；智，指智慧、才能；崇，是推崇、尊崇；瀹，即浸渍、疏通。"崇"与"瀹"在语法上是互文结构，意为崇尚、陶冶、培育、养成，合成一个词组"崇德瀹智"，意为追求达德广才，修养大德大智。这只是在词义学层面的解释。要完整正确地把握"崇德瀹智"的深刻意蕴和精神实质，还必须从学校长期的办学实践、民族文化传统和与当代社会发展的呼应三个方面进行解读，才能给出既有历史底蕴、又有时代精神的科学答案。

"崇德瀹智"源于执信中学的办学宗旨和实践。执信中学诞生在国家和民族的危难中，肩负着伟大的使命，在风雨如磐的茫茫黑夜里展示着未来的曙光。孙中山，这位深思远虑的伟人，顺应历史潮流，胸怀民族希望。他对朱执信以身殉国感到无限悲痛。也正是出于这个缘故，他要让历史永远记住朱执信的伟大功绩，要让后人永远学习朱执信的崇高品格，要让学校培养一代又一代像朱执信那样的人才。所以，在开学典礼上，孙中山亲临会议发表演说，希望执信学子"毅勇果敢以求学，改造未来之社会"。如果把执信中学比作一艘航船，那么这艘航船的启航人便是孙中山，他给这艘航船指明了航行的方向，描绘了光辉的蓝图。

"崇德瀹智"的校训，还有稍后戴季陶校董题书的"厚德载物""忠孝仁爱信义和平"等，都从不同的侧面、不同的角度反映了孙中山的热切厚望，进一步明确了执信中学的办学宗旨。这一切，在基本精神上无疑都是一致的，这是它们的历史价值。

一所学校的校训，需要在长期的教育实践中形成。校训体现着学校的办学思想、教育理念和价值追求，影响和决定着学校的办学风格和精神风貌。说到底，校训是一种气质、一种性格、一种精神，这种气质、性格和精神往往是由这所学校创办者的人格、气质、胸怀和理想决定的。它给这所学校奠定了基石。此后，不管风云如何变幻，人员如何更迭，执信中学的基石长存，灵魂永在，并随着岁月的流逝、时代的变化，不断地得到充实、丰富，越发凸显她的光辉。

"崇德瀹智"传承着中国的传统文化。

"崇德"放在"瀹智"之前，就是把道德放在第一位。"育人先立德"，对学校而言，就是要求自己培养的学生做于国于民有益的有德之士；对学生而言，就是"敏德为行本"，把道德作为立身处世的根本，做一个有远大理想、崇高情操的有德之君。

孔子说："孝悌者，其为仁之本与。"《周礼》说："敏德以为行本。"贾谊说："教者，政之本也；道者，教之本也。"可见，中国传统文化是重"教化"、重"德性"的文化，把道德教化视为"齐家、治国、平天下"的根本。

但"德"和"智"又是密不可分的一个整体。《易经》说："君子进德修业。"《中庸》说："尊德性而道问学。"这都强调道德是修业的先导，是修业的统领。"进德"与"修业"是不可分割的。既"尊德性"，又"道问学"；既有高尚的道德情操，又有丰富的学识智慧，才是一个完整的人。

"崇德瀹智"非常适应当代社会发展。

当今，我们处于高科技和信息化的时代，处于世界多元化和经济全球化的时代。这个时代竞争越来越激烈。一个国家的竞争力取决于国民素质的整体水平，取决于科学技术的发展速度。对于一所中学来说，培养具有创新精神和实践能力的人才责无旁贷。于是，"瀹智"就显得更具深刻内涵和重要意义了。

校训的意蕴相当于一个国家的指导思想，好的思想能影响整个国家的走向。执信中学从一开始就立足高点：理念引领，文化立校，立德树人。不难看出，当时的执信中学对课程设置费尽心思：首先遵循人的成长规律，从培养学生见识多的角度出发；其次符合教育规律，从课程内容看去，教育目的十分明确，即发展人的自然禀赋。在那个年代，执信中学紧跟时代步伐，多次修正课程改革方向，授课方式多种多样，课内课外双管齐下。于是，执信中学的日常课程相对其他学校来说就有了明显的不同。

第二节　杏坛之上　惟精惟一

执信中学自开办以来，有力地见证了中国近代教育的改革与发展。早在 20 世纪二三十年代，执信中学的课程设计就较为特别，如家政、伦理、国民要义、经济思想、军事教育等。

20 世纪 70 年代末，我国开始拨乱反正。执信中学率先提出学校必须以教学为主，并迅速恢复教学秩序，为恢复元气和后来的发展打下了良好的基础。20 世纪 80 年代，执信中学最早参与《全国德育教育大纲》的研制工作，并成为第一批试行大纲的 24 所学校之一。

创校初期，曾醒也很重视课程改革，尤其关注基础教育。那时的执信中学，高中阶段已经分为师范科和普通科。

普通科开的课程是公民、体育、卫生（高一）、家政（高一、高二）、国文、英语、算学、生物学（高一）、化学（高二）、物理（高三）、历史、地理、理论学、图画、音乐等。其中家政包括裁缝刺绣、烹饪、营养、卫生、疾病、理财、园艺等科目。采用新式教材，于那个年代实属罕见。

从1926年起，执信中学又增设选修课，"以求适应学生之个性"，这是执信中学独有的教学方式。各科的教学多数采用自学辅导法，"以期养成学生自动研究之精神"。

除了上述基础课外，曾醒还开设了三门特别的课程：国民要义、经济思想、军事教育。这是其他中学没有的。这三门课程的主讲人分别是胡汉民、廖仲恺、何应钦。男生要接受军事训练，女生要接受救护学习。他们常常到黄埔军校参观学习。周恩来曾到校会见师生，邓颖超也曾在该校任教。执信中学当时已经是广州最受重视的中学之一。

此外，学校每月必有一两次演讲会。主讲人都是当时的校董或社会名流、外国学者。例如，校董蔡元培曾来校讲过两次，把北京大学求学救国、砥砺德行、敬爱师友的精神传授给执信中学学生。戴季陶、汪精卫、邹鲁、吴稚晖、胡汉民等也轮流主讲。讲座主题由主讲者自定，其中以介绍科学文化者居多。有时执信中学也请外国学者入校开讲。主讲者若是讲法文的，则由曾醒当翻译；若是朱执信的旧交，则把朱执信的德行传授给学生。戴季陶曾以"惟精惟一，允执厥中"和"择善而固执之"这两句话，作为对"执信"二字的解释。

光是概括性的阐释事实，显然不能让人们明确地感受到当时课程改革的魅力。由此，我们通过史书记载，找到了执信中学1922届校友霍炳华的亲笔记录。霍炳华于1922年春肄业于执信学校小学二年级，直至同年6月15日因陈炯明叛变，校方以政局动荡、地方不宁被迫停课遣散学生。他曾写道：

学校初创时，代校长为廖奉恩女士，司库为廖仲恺，国民教师为朱业勤，历史教师为廖奉云，国画教师为何香凝，西洋画教师为徐一鸣。

廖何夫妇之儿女廖梦醒、廖承志姊弟，皆为执信学校学生。当时全校之最高年级为高中第三年级，学生仅得四人，廖梦醒是其中之一。

执信学校之正门为莲塘街，对面为女子师范学校。两校教职员颇为融洽，每有盛大活动则联合办理，扩大举行。犹记当年政要如汪精卫、胡汉民、林森、伍廷芳、魏耶平等曾在女子师范学校大操场上的大榕树下演讲，宣传三民主义，高谈阔论，听者动容，惜乎年长日久，不复记忆其演说内容。

霍炳华在校上课时间仅为 5 个月，但执信中学的独特课程，在其脑海中留有难以磨灭的印象。

在当时信息比较封闭的时代，执信中学的每项决策几乎决定了学生的未来。除了理念、文化、课程之外，学制长短的制定也关乎学生的成长。当时，国外学制也逐渐为先进知识分子所知，国内学制的改善也迫在眉睫。令人期待的是执信中学如何将千百年来遗留下来的传统书院教学模式与新时代的学制接轨。

第三节 学制出新 广纳西学

执信中学的首任校长是曾醒，代理校长是廖奉恩。在开学之初，是采用日式学制还是采用美国的"六三三学制"，两位还颇有一番争论。廖奉恩留学美国，对美国的"六三三学制"有所了解。她认为美国的小学六年，中学分初中、高中各三年的"六三三学制"，比苏联的小学、中学各五年的十年一贯制更便于学生打好基础，便力主采用"六三三学制"。执信中学由此成为全国最早采用西方先进教育制度的学校之一。这种教育模式一直沿用到今天。

中国的教育组织形式有太学、国子监、书院、私塾等。就以与太学相对应的各地州郡府县的官办或私办的书院来说，它源于唐而盛于宋。宋代有白鹿洞书院、岳麓书院等六大书院，清代有 300 余所书院。1901年慈禧太后颁布诏令，将各省书院改为各级学堂，书院至此结束。梁启超此时建议在新式学堂中实行自由讲座制，将书院与新式学堂结合起来。

执信中学在办学模式上，既继承了传统的办学模式，又吸收了西方办学模式。她采用的"六三三学制"，不仅打破了中国封建时代的书院、私塾的教学模式，而且在教育精神、教育理念上更多地容纳了民主、科学的现代思想，可谓是当时教育界的一股清流。

除了学制外，执信中学还拥有一系列细节化的规章制度方面的创新。

例如，执信中学原来只招收女生，后来在校长曾醒的极力主张下，1923年9月，同时招收男生，实施男女同校。执信中学的学生人数由原来的200多人增加到800多人。

学校当时实施住宿制度。执信中学学生全部在学校自修，每天晚上必须自修2小时。自修的时间是晚上7点到9点。

学校实施全封闭管理，各种规章制度非常严格。学校规定一个学期，除节假日外，学生在外面的住宿时间不得超过6天；如有请假的，必须有家长的请假证明才可。

学生在每周六下午至周日下午7点以前可以外出。外出的时候学生必须把校牌悬挂在舍监的墙上，返校的时候再取回校牌。会客时间是周日早上8点到下午5点，其余时间学生均不得会客。在非会客时间，学生家长如果到访，必须经训育委员会同意。

宿舍（见图2.1）的管理制度十分严格：不得在宿舍用餐，病人除外；不得在浴室外穿木屐……诸多的校规、宿规等规矩让人感受到了学校严谨的育人态度和通达的人文情怀。

如果说学制是大方向的引领，那么课堂教学模式就是培养学生成才的基本方法。课堂教学模式

图2.1　1949年宿舍楼

不仅决定了师生之间的交流情感，而且决定了学生是否爱学习。梁启超说："教员不是拿所得的结果教人，最要紧的是拿怎样得着结果的方法教人。"①好的教师能给学生带去广阔的视野和全新的思维模式。执信中学的教师不是填鸭式教学的无知者，而是一批高学历、高素质、国内一流的教育人才。

第四节 为人师表 独领风骚

桃李春风，师道尊严。执信中学真正大力推行"名校名师"是在第二任校长杨道仪"当家"时期。当时，执信中学的不少教师都是海归。

何博先生在《回忆执信中学》里说过一句话："杨道仪的学问，是仅会写自己名字的，与前任校长是一位法国文学硕士相较，不免令人失望。"何博原是中山大学教授。在曾醒担任校长期间，中山大学校长邹鲁派他来执信中学担任校务主任。杨道仪接任校长，因为她的文化水平有限，何博仍被留在执信中学任职。

杨道仪是朱执信的夫人。1907 年与朱执信结婚后，杨道仪一直在家料理家务，抚育儿女，支持丈夫的革命活动。1927 年曾醒提出辞职，学校常务董事会找不到合适人选，决定由杨道仪出任校长。杨道仪自知文化水平不高，更不懂教育，不愿担任校长。经过校董会的多次力劝，她才勉强为之。

杨道仪的学问既然"仅会写自己名字"，也就无从管教务。每当开教务会议，她均不发一言。她自己虽无法涉足教学，但也知道要办好一所学校，必须要有一批学历较高、素质较好、经验较丰富的教师。执信中学从创办时聘任一批社会名流为校董开始，一直坚持专家治校、名师治校，开创了执信中学"名校名师"的先河。这是执信中学在 20 世纪 30 年代就成为全国 37 所优良中学之一的缘由。这也是杨道仪的办学传统和

---

① 《饮水室合集》，917 页，上海，中华书局，1936。

理念。

当时学校的教师几乎都是本科毕业，有很多是留学归来：

英语老师曾致杨是美国依利诺伊大学毕业的；

生物学老师沈翼云是美国耶鲁大学硕士毕业的；

数学老师陈国机是美国康奈尔大学硕士毕业的；

高中历史教师朱秩如是日本京都帝国大学文学学士毕业的；

高中数理化老师沈潇谷是英国伦敦大学工科毕业的。

正是由于大批名师的支持，校园充满了灵动、向上、自由、奔放的气息。郭南斯，著名诗人、画家和艺术评论家，也是执信中学校友。她曾在 90 岁高龄时从英国千里迢迢回来为母校庆祝 90 华诞。当时，面对众多后辈时，她如是说道，让她印象最深的是执信学校的民主包容："当时在执信，女生校服不统一规定款式，只要上身为白色上衣、下身是格子裙就可以了，样式全凭自己设计，到了大学反而要穿樽领上衣。"郭南斯称，是在执信学校的时光奠定了她艺术追求的基础。"当时在执信参加话剧社，学校请女导演赵茹琳给我们上课，我在《茶花女》里演女主角，还演过不少抗战街头剧，我本来性格很内向，是在执信变得勇敢的。"

作为一所中学，执信中学是花季少年步入青年时代的一条重要通道，既是人生定向，又是开启生命智慧的最重要、最关键的通道。执信人如此怀念这所中学，就是因为这里第一次为他们开辟一个神奇美妙的知识世界——认识自然，认识社会，认识宇宙太空，认识世界万物。1956 届校友、武汉大学中文系教授陈美兰认为，灌输知识与开启智慧是两种不同的教育层次，而执信学子从母校中得益的正是在接受知识的基础上，又得到生命智慧的熏陶。比如，教师带领学生走向山间田野，却仍不忘教导学生如何利用数学、物理学知识测量小溪流水的落差，利用生物学知识来养鸡、种菜……

高质量的师资队伍是一所学校的生命线。当时的执信中学汇聚了一批具有高尚师德、深厚学养、善于育人的教师，他们是执信中学的脊梁。历届学子们对母校的怀念，总离不开那些曾与他们朝夕相伴、悉心教导过他们的老师。师生之间亦师亦友，正是这种关系使得学生们在知识接受和个人成长方面获益良多。

陈美兰回忆，之所以执信中学的老师令学生们永远难忘，不止是因为学生从老师身上获得了书本知识，还因为从老师身上获得了一种启迪。有趣的例子数不胜数：从"空口袋不能自立，装满东西的口袋却能站稳"，到逐行弹粉线，最终仍无法使墙报底线与地面平行，站在树旁的数学老师过来，一下子点出如何使用误差分散的办法，让学生顿开茅塞。校园生活处处播撒着知识的雨露，无声地、不间断地滋润着学生们的心田。当学生们走向社会后，他们就会为世界带去一片片智慧的绿洲。

执信中学的历史流转数代，执信中学的文化根深蒂固。执信中学一直以其独特固有的思想，采用文化办校、文化立校和文化治校的模式，坚挺地行走在教育的路上。一路走来，执信中学成就了无数名人和伟人，同时也吸引了无数名人和伟人的关注、关爱和关心。

第五节　薪火相传　全人在斯

执信中学因拥有光荣的办学历史和优秀的革命传统，被视为广州市乃至广东省的知名老校。她以"追寻完整的教育生活"的教育理念，培养"推动社会进步的优秀人才"，成就人才不计其数，也为广东教育谱写新的乐章立下了汗马功劳。

执信校友，如桂林一枝，昆山片玉。中华人民共和国成立后，国家领导人矢志不渝地对执信人称贤爱护，对学校教育交口称誉。1952届执信校友黄幼玲受邀参加全国学联第十六届委员会第二次会议，获得领导人亲切接见，并与与会代表一起和毛泽东等国家领导人合影。1953届校友李碧娴与全国人大常委会副委员长、全国妇女联合会主席康克清畅所欲言并单独合影。1956届校友陈美兰受全国"三八"红旗手表彰时，与国家副主席乌兰夫等众多领导人近距离接触。1968届校友魏钢将军

33

先后获得江泽民、胡锦涛和习近平的亲切慰问。1983 年，校友林淑珍在出席中国妇女第五次全国代表大会时，受到中国妇女运动的先驱、周恩来夫人邓颖超热情接见。1985 年除夕晚会上，1992 届校友陈前得到邓小平微笑问候，并得到"小提琴演奏成功"的祝福。

除了对执信人才的重视，省市乃至国家领导也会走进执信中学校园进行视察和慰问，并对部分教师的贡献给予感谢及认可。1984 年，广东省委书记任仲夷视察执信中学并题词。1986 年，广州市委副书记朱森林听取执信中学教师介绍科技活动开展情况。1991 年，原国家教育委员会副主任柳斌在广东省教育厅副厅长周国贤、广州市教育委员会主任叶世雄的陪同下视察执信中学。1996 年，广东省委书

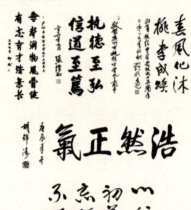

图 2.2 为执信中学的题词

记谢非在广州市委书记高祀仁的陪同下看望执信中学特级教师、全国模范教师梁倩芬。1998 年，中共中央政治局常委、国务院副总理李岚清在广东省委书记李长春等领导的陪同下视察执信中学。2006 年，中山大学党委书记、广东省教育厅厅长郑德涛，广州市委副书记方璇参加执信中学孙中山先生塑像揭幕仪式。2009 年，教育部体育卫生与艺术教育司副司长廖文科视察执信中学。2015 年，广州市教育局局长屈哨兵与执信中学领导、教师交流并合影留念。在视察的过程中，多人为执信中学题词（见图 2.2）。

2016 年 11 月 13 日下午，教育部党组书记、部长陈宝生到执信中学开展调研工作（见图 2.3），一起陪同调研的领导有广东省副省长蓝佛安，广州市市长温国辉，广州市副市长王东，广东省教育厅厅长罗伟其，广州市教育局局长樊群等。执信中学校长何勇、党委书记钟立、副校长黄艳陪同调研。陈宝生一行全面察看了校园，充分了解了学校的历

史和办学情况，饶有兴趣地参观了执信中学 79 级校友捐赠给学校的油画集展览——《流光溢彩——执信中学历史建筑风貌油画作品展》，对执信中学这种学校文化的传承表示赞赏，还观看了执信中学合唱队的训练，参观了中式长廊和校史馆，并与创客空间的师生亲切交流互动。

图 2.3　教育部党组书记、部长陈宝生到执信中学开展调研工作

一所学校，一时风光如昙花一现，并不出奇，但如果屹立数年也没被时间洪流席卷而走，反而越发枝繁叶茂，靠的是什么？必定是不可动摇的灵魂根基，是学校的内核里历久弥新的文化命脉。朱执信先生的"革命好学"的精神和"崇德瀹智"的校训一直熏陶和激励着执信中学的师生，形成了"执德至弘，信道至笃"的执信精神。执信中学以其异乎寻常的办校模式，进一步深化教育教学改革，坚持立德树人，在传承中创新，在创新中发展，在发展中改革，脚踏实地，辛勤耕耘。

执信中学的教师们奋发进取，呕心沥血，以研究者的眼光审视、反思、分析和解决自己在教学实践中遇到的问题，把日常教育、教学工作与研究融为一体，倡导科学精神和实事求是的态度，营造求真、务实、严谨的科研氛围，定期进行信息交流、经验分享、成果共享和专题讨论。

崇德瀹智一课，立德树人一生；九十五载执信，终立文化一帜。执信人对教育的情怀与执信中学厚重的文化及不同凡响的建筑形成了百花齐放、色彩斑斓的风景。执信中学的建筑不像校训、制度和师资的发展那样惹人注目，而是沉默寡言，在喧嚣中逐渐老去，但确实成为传承执信精神不可替代的载体。

第六节　古径通幽　振古如兹

建筑是凝固的艺术，同时也是历史的经历者和见证者。执信中学校园里那些砖红青灰的建筑群，当是亲历其峥嵘成长史的最佳见证。

很多老建筑记录着光阴的故事和执信人的桑梓情怀。我们通过建筑去翻看历史，便会有更深层次的理解。建筑本身看上去冰冷无情，没有表达的能力，但因主人的不断更迭，案几、座位、墙面，甚至建筑的暗角、灰尘里都蕴藏着伟人的足迹。执信中学的建筑本身虽然经历风雨侵蚀，但不改其本色；虽然经过修缮，但本色格调却没有失去。执信中学深厚的文化底蕴，历经时间的佐证、岁月的积累，沉淀下来的便是一首首令人难以忘怀的歌。

执信中学的老建筑碧瓦朱檐，雄伟气派中散发着浓厚的学术气息。执信中学的建筑都带有防空洞，教室都在二楼及以上，常常被用来做影视拍摄景点。很早以前的电影《刑场上的婚礼》中一名学生到政府门前游行示威的镜头就是在著名的南北座广场拍摄的。

经过近百年岁月洗礼的建筑，蔚为壮观，备受后人赞叹。很多执信校友的婚纱照都是在校园拍摄的。现在，只要漫步执信中学校园，就会感觉一砖一瓦皆是诗，一草一木总关情。荷风送香气，红莲映绿波的雅致；红墙绿瓦，飞檐翘角的飘逸。轻鲦出水，带起一池生命的灵动问候；喷泉彩灯，衬出百年老校的时尚气息。一切尽如"随风潜入夜，润物细无声"般的春雨滋养着每一位执信人的心灵。

从俯视的角度来看这片校区，东南西北的建筑拔地而起，错落有致。东面有一块蜡石，上书"鉴——看执信荷塘鉴石，望天上云卷云舒"。西面沿围墙到侧门是一条有中国民族风格的长廊，里面有校史的一些简介和学生荣誉墙。承志楼下是一座亭子，叫"真意亭"，取自朱执信《为朗如题诗》。对联为"翼然有亭曲廊尽处，卓尔于斯藕花开时"。

南面为综合大楼元培楼（纪念首批校董蔡元培先生），共有七层（含一楼架空层），呈"U"字状，落成于2006年，现有校史馆、图书馆、高三和初中的课室和实验室等。

驰光广场立有一座三角立柱的钟楼，名曰世纪钟，意在提醒执信学子惜时用功。日晷旁书："驰光如骙褭（音 yāo niǎo，一种千里马），一去不可追。"（欧阳修诗《答吕公著见赠》）。

北面是1992年落成使用的承志楼（纪念早期杰出校友廖承志），起初为初中楼（后改成高中楼）。楼上的圆拱建筑为天象投影放映室。2010年整座大楼进行了第二次整饬工程，由此学校的建筑风格趋于统一。

执信中学的建筑风格独具匠心，构思巧妙。穿过校门走进去，每一座建筑都会令人叹为观止。

校门——典雅庄重

执信中学的校门（见图2.4），红墙绿瓦，庄严古朴，坐东朝西，三孔穿门，是中国古代式的建筑。中门高达十余米，两边翼门略低，坡形屋顶，斗角飘然。它与北京颐和园东宫正门相似，具有浓郁的民族特色。

图2.4 执信中学的校门

门楼的四个檐角各装一个风铃，外侧的两个为铜制风铃，风吹铃响，声音清脆；内侧的两个为木制风铃，风吹摇摆，声音沉实，古称木铎。《周礼》云："文事奋木铎，武事奋金铎。"据前小学部主任黄国钟解释，设文武风铃是为赞扬朱执信先生是文武兼备的奇才，也暗喻执信中学当培育像朱执信先生那样能文能武的人才。

大门口一对威武的汉白玉狮子，立于 2006 年 80 周年校庆前，是雕塑大师许鸿飞的作品。

中门上方有一块花岗岩横匾，刻有"执信中学"四个大字，是 1978 年时任全国人大常委会副委员长、执信中学校友廖承志手书的。背后的横眉刻着"崇德瀹智"四个大字，是 20 世纪 30 年代初，时任广东省省长、后任国民政府主席的校董林森先生所题的。

执信中学校门耸立于现代都市的建筑群中，傲对碧空，与众不同。它是执信中学标志性建筑之一，已经成为执信中学形象的重要代表，也是人们认识执信中学的窗口，蕴含着丰富的文化内涵。每一位学子只要踏入大门，就走入了一方精神文化圣地，内心必定会涌起一股自豪和奋进之情。他们都带着美好的憧憬而来，带着闪光的思想和充实的知识而去，同时也带着对执信中学的眷恋，把执信精神带到世界的各个角落。

红楼——厚德仁爱

从校门登上 26 级石阶，是一个广阔的广场。广场草坪两侧耸立着两座红墙绿瓦、古色古香的楼宇。因为它们都是以特制的红砖砌成的，所以通称红楼。这两座红楼奠基于 1926 年，次年 8 月建成。宫殿式的格局与雄伟的校门相适。南侧的一座叫南楼，北侧的一座叫北楼，与始建于 1916 年北京大学红楼有一院、二院之分相似。执信中学的南楼和北楼在当时分别称为第一院、第二院。这两座红楼设计独特，建筑坚固。建筑采用三段式结构，底段为花岗式铺砌，中段为柱廊，顶段为飞檐屋顶；两侧是门窗；首层的南北两门，均砌建石阶，拾级而上，既顺地势，又添庄严。

南座红楼又名厚德楼，门额牌匾上有"厚德载物——仁慈博厚以有育万物为女德之要义。民国二十年载戴传贤①题铸雄先生书"。南座红楼早年为课室，后改为办公楼，现为学校档案馆和国际班课室。2001年在楼的南面建有"绿色志愿者基地"，执信中学历届校友在那里种植了很多纪念树。

北座红楼又名仁爱楼，门额牌匾上有"忠孝仁爱信义和平"，也为戴季陶所书，为当时中华民国政府订立的中小学训练目标。忠为爱国之本，孝为齐家之本，仁爱为接物之本，信义为立业之本，和平为处世之本。楼的南侧、阶梯西侧嵌有学校的奠基石，旧为教学楼、图书馆，现为艺术楼，有音乐、美术、陶艺坊等课室，还有多个琴房，供学生练钢琴用。

走进红楼，映入眼帘的便是中间特别宽敞的十字走廊，窗户也特别多。因为那里当年是教学与办公阵地，当然要通风透气，便于走动。

据校史记载，南楼首层部分属地下室，主要作为校工住宿及贮物之用；二楼、三楼分别为初中、高中教室，共12间。北楼首层与南楼首层一样，用作校工住宿及贮物之用；二楼主要是办公室，如校长室、教导处、会议室等；三楼东边是音乐室，西边是阅览室。北楼后边原设有小学部，处于小学区与中学区之间，故以前叫作中座。

执信楼——脚踏实地

在这座红楼之间的广场正中，我们再登上26级石阶，便到了学校的最高处。这里本来是一个广阔的广场，在20世纪50年代初，广场草坪中间建立的一座新的红楼，叫作科学馆，与南楼、北楼和西面的门楼相适应，形成一组群体，借鉴了古代书院对称性的建筑布局。整体建筑传承了中国古典建筑风格。2004年，这座红楼又经过重建。因为它立于学校正中，比南楼和北楼更加雄伟壮阔，格外引人注目。这群体性的

---

①　戴传贤为国民党元老戴季陶。

红楼都建立于两座山冈之上，与庄严的校门连在一起，大有雄踞一方之势。

红楼又名执信楼，现作行政办公楼。"执信楼"三字是中国著名书法家连登的墨宝。楼前的朱执信先生的汉白玉半身像是1986年10月65周年校庆时立的，雕塑者是中国著名雕塑大师曹崇恩，题字者是廖梦醒（廖承志的姐姐）。

执信楼下花岗岩的阶梯上的神兽是2007年后雕刻的。一对花岗岩雕琢的神兽叫甪端（lù duān），是中国神话传说中的神兽，集犀角、狮身、龙背、熊爪、鱼鳞、牛尾为一身，能日行一万八千里，通四方语言，而且专护明君。它们象征磊落公正、吉祥如意、风调雨顺，摆放于楼前院外，寄寓了人们期盼国泰民安、人世昌隆的美好愿望，也表达了学校对执信学子追求大德大智、心怀故土、放眼天下的衷心祈盼。

执信楼后是园林化的生物园，园名由中国科学院院士、昆虫学家庞雄飞（蒲蛰龙的学生）亲题；后为纪念首任校长曾醒，又被命名为醒园。

至此，相信大家会对执信中学有一种感觉：台阶原来有这么多，当你想要达到一个处所之时，基本都要迈过一段台阶，一步步，慢慢走。这似乎在告诉执信学子一个道理：学习如同走台阶，要脚踏实地，越过台阶，才会发现一片无尽的天空。

执信校友甄祯曾经写下这么一段文字：

执信园高中楼前，同样有一段很高的台阶。和我一样，许许多多的学子满怀着无比的虔诚，抬头仰视过它。而当我们在执信郁郁葱葱的绿荫下，感受过春之温柔、夏之热烈、秋之收获、冬之傲然后，来到这些台阶下，是否还有心情回头望望娇艳的荷花，拾起前面的落叶，闻闻空气中醉人的芬芳？我终日在可爱的校园内穿梭，每日来往上下各个不同的台阶，诵读着散着油墨气息的课本，也期待着台阶给我或我给台阶的新的震撼。

执信学子生涯，正如我漫漫人生路上一段最难忘的台阶。

厚望广场——知难行易

仁爱楼和元培楼中间是厚望广场，东侧立有孙中山先生全身花岗岩坐像，是 2006 年落成的（原来在执信楼正前方），坐像名为"厚望"。此处一块红砂岩上镌刻有孙中山先生在执信学校开学典礼上的讲话。

孙中山先生坐在椅子上，右腿微微跷起，脸上也带着含蓄、深沉的微笑，显得亲切、安详。坐像的原型是 1918 年 3 月拍摄的孙中山先生的一张照片。其间，孙中山先生在上海潜心著述《知难行》《实业计划》二书。前者，他认为过去革命屡屡失败，是人们受了"知之非艰，行之惟艰"传统观念的束缚，必须以"知难行易"学说破除，树立"知之则必能之"的信心，唤起革命党人努力学习革命理论，以努力付诸革命行动，夺取革命的胜利；后者展示了孙中山先生为中国未来的发展精心描绘的宏伟又具体的经济建设蓝图。

这是一种儒雅的风度，一位智者的英姿。我们从中可以感受到孙中山先生对中国革命前途是乐观和充满信心的。执信中学由此增添了光彩。孙中山先生给我们的鼓舞力量是巨大的、永恒的。

执信塘——采莲记忆

这是执信中学最美的，也是最具代表性的风景。拱桥旧称采莲桥，今天多称执信桥。桥的北面是古色古香的执信小礼堂——奉恩堂（纪念首任校长曾醒上任前的代校长廖奉恩先生），曾一度作为学校图书馆；2001 年翻修一新，现多作为学生社团活动等小型演出和集会的场所。

有些执信老校友这样回忆：进了校门，向左一拐，便见三亩方塘，一座拱桥，塘中荷香阵阵，岸边杨柳依依，阳光透过树缝照射下来，真叫人想起南宋诗人杨万里的著名诗句："接天莲叶无穷碧，映日荷花别样红。"

可见，执信塘在学子们的脑海中已刻下深深的烙印。

已从执信中学退休的陈凤琼老师，每次回到学校经过执信塘的时候，都禁不住有一丝笑意，才下眉头，却上心头。只有了解陈老师的人才知道，陈老师又想起当年带领学生为荷塘挖排水渠的往事了。

从 1970 年到 2005 年，从一位普通的年轻教师，到年级长，再到番禺执信德育主任，陈老师把她一生中最宝贵的青春贡献给了学校，贡献给了学生，也由此见证了学校的发展，当然也包括了执信塘的变迁。在陈老师的回忆中，"文化大革命"时期的执信塘是一个臭水塘，恰如一个蓬头垢脸的老婆子，谁走过都不会产生观赏的兴趣，更不用说站在执信桥边为之流连了。

后来，忽如一夜春风来，执信塘里开始出现了田田的荷叶，田田的荷叶下面又有了鱼儿悠闲自在的身影。等到夏秋季节，人们除了收获一池香远益清的荷花之外，还欢天喜地地挖出了一节节的莲藕，品尝到了鲜美的鱼汤。执信塘仿佛一夜之间脱去了陈腐和死寂，变得年轻而富有活力。

再后来，学校为学生们发起勤工俭学的社会实践活动，陈老师的班负责为执信塘挖排水渠。陈老师和学生们一起抢起锄头为自己学校的池塘挖排水渠，就像农夫为自己心爱的瓜田搭起挡风蔽日的竹棚，就像渔民为自己宝贝的船只挂起乘风破浪的船帆。大家因能为心爱的荷塘做点什么而雀跃，而干劲冲天。直到多年以后，陈老师和学生们回到荷塘边，还在为那昔日从自己手中诞生的排水渠而激动不已。那些远去的记忆，那些曾经的欢笑，至今还继续轻柔地敲打着陈老师和她的学生们的心扉。

如今，执信塘依旧芙蓉朵朵，淡雅清幽。荷塘北部是初中教学区，荷塘南部是高中教学区，荷塘中间有拱桥相连。多少初中学生希望能考到母校高中，于是，在不知不觉中，学校盛传一句"跨过拱桥去"的戏言。其实，这不是戏言，而是一个期待，一个梦想，也是一种信心和力量。

校园执信墓——英雄归宿

在朱执信先生牺牲后，1921年1月23日，民国政府举行由孙中山等政府高官出席的安葬仪式，将朱执信先生安葬在现在沙河顶的驷马岗。后发生蚁患，1936年朱执信先生被迁葬在执信中学校园，原陵墓反变为衣冠冢。现执信墓为市文物保护单位。每年的清明节学校都会在此举行庄严的祭奠仪式。在朱执信先生"9·21"忌日和"10·12"诞辰日，都会有人到此缅怀一番。

执信墓（见图2.5）在校园的东南角，四周翠柏环抱，红花簇拥，还有几株挺拔的木棉在旁守护，后依小山，前朝闹市。但这里没有喧嚣和浮躁，只有宁静和安谧。墓地中间镶着一块灰麻石墓碑，一如朱执信先生的人品，深沉、厚重、质朴。

图2.5 执信先生墓

墓碑上有孙中山的题书：

民国十一年

朱执信先生墓

　　孙文敬题

墓园东边是一条文化长廊，墙壁上的浮雕是朱执信先生的事迹介绍。那座白色的亭子叫放怀亭。取自朱执信诗作《六年归广州寓居海幢寺中岁除日作》，对联为：乾坤一亭揽长风明月养天地正气，丹青千载读奇文信史法古今完人。

以升科技馆和生化楼——多思多问

以升科技馆和生化楼分别建于 20 世纪 80 年代和 21 世纪初，为理科实验室、计算机室和学校电视台。楼北的钟楼旁榕树下立有时任全国政协副主席、我国桥梁专家、学校原顾问茅以升半身坐像，坐像旁有他的题字"博闻强识，多思多问，取法乎上，持之以恒"，现已成为学校的学风。茅以升在随信中说："右十六字是我多年治学的总结。博闻是多闻多见，扩大知识面；强识是占有知识为我所用，记忆是可以锻炼的；多思就是多动脑筋，但要有目的有范围有轨道，而不是胡思乱想；多问就是不懂就问，不择细流乃成巨川；取法乎上是说要采取好的学习方法，有目的有计划地做好方案；然后持之以恒，用最少的时间取得最佳的效果。"茅以升先后两次来执信中学与师生见面、座谈，做了多次精辟深刻的报告，给学生极大的鼓舞和教育。

2015 年暑假，科技馆也进行了一体化的外立面整修，现在看去更协调了。以升楼北侧原来是一座两层的建筑，刚建时是单身教师宿舍，还做过课室和科组办公室，最后因为扩建运动场被拆除。

绿色志愿者基地——情系一树

3000 多平方米的"绿色志愿者基地"建于 2001 年。在楼的南面，执信中学历届校友在那种下很多富有纪念意义的树木。

"绿色志愿者基地"与车水马龙的广州市主干道之一的东风路一墙之隔。这墙当然不是石砌砖筑，而是通风透水的栏栅。这狭长坡地是一道"翡翠屏障"。那绿色的榕树、竹柏成排成行，枝繁叶茂，交织成绿色的华盖。就算从东风路驱车驰过，也能在匆匆之中感受到一份来自执信中学的浓情绿意，不禁怦然心动。

在校园内细看，更是别有洞天。每一棵榕树、竹柏的树干上都挂着一块方形的小牌，牌子上写有各具特色、含意深远的命中题。"凌云"是在执信中学毕业后成为新中国第一批女飞行员的伍竹迪、秦桂芳等 6 人题的，表达了她们壮志凌云之意。"同心树""生命之树常绿"分别是由陈炽欣、朱健强两位前任校长题的，表达了校长永远同心同德，祝愿学子的生命之树历经风霜而盎然蓬勃。还有许多树木是班主任题的，每一个命题都充溢着对学生的期待、厚爱和深情。

绿林古树——盘根错节

在执信中学校园，无论你走到哪里，都会有各种美树名花伴随着你。幸好每种花木都挂有一个花名册，不然就算你是一位植物学家，也难识尽它们的科属学名。园丁说，整个校园里有 100 多种花木。一年四季，花红果绿，大自然以绚丽的色彩描绘了一幅绝美的画卷。

南国常见的茉莉花、九里香、杜鹃花、夹竹桃、鸡蛋花、木槿花等，在不经意间向你吐露淡淡的清香。如果说它们给人们展示了一种平凡的美，那么有些名树古木则是创造了另一种奇丽的美了。就像人类社会，除了平凡大众之外，还有一些杰出者、佼佼者和不平凡者。

进入校门，登上 26 级石阶，便是一个长方形的广场。广场边缘的绿化带是执信中学的第一道风景线。前沿是一排刺桐树，干粗叶大，花似木笔，花开灿若云霞，中间绝无一叶间之，风吹花色愈艳。有诗云："一林赤玉琢玲珑，艳质由来爱著风。日暮海天无螟色，满山霞作刺桐红。"这一排刺桐树十分耀眼，"木棉花落刺桐红"，它是继木棉花开过之后在春末夏初盛开的。接着第二排是大花紫薇，也属高大乔木，原产于亚洲热带地区、澳洲。花朵和树木均比刺桐略小，但花开如万千紫红的蝴蝶缀满枝头，连成一片，高低起伏。白天为玫瑰色，和夜后则变为紫色。当刺桐开过之后，大花紫薇接着在夏天盛开，从 6 月一直到 8 月，像一道紫红的长河日日夜夜在空间翻腾，令人感到喜悦和振奋。

　　盆架子树在大花紫薇的后面，只有两棵，静立于草坪的两边，茂密的枝叶交织成绿色的华盖。你一踏上石阶，立刻就会感受到执信中学给你送来的一份浓情绿意。那挺拔的树干又给人以奋发向上的感觉。当刺桐和大花紫薇开始泛黄时，盆架子树却在绿叶顶端开满了淡黄的花朵，呈现出一派缤纷美景。越到寒风凛冽之时，这缤纷的美也越趋向极致。这两棵盆架子树先后由 2002 届和 2003 届师生赠植。树干上分别挂有一块牌子，一块写着"学子情系一树，母校光辉千秋"，另一块写着"沃土根自深，茂林秋实来"，这更唤起人们无限的美感和想象。

　　木棉树、榕树、樟树三种高大乔木可算是执信中学的古树了。池塘边那几株木棉树怕是有上百年的历史了。树高数丈，干粗合抱，那挺拔的树身有直冲云霄之势。每到春天，木棉树隐忍了一年的生机在瞬间绽放，一树木棉花就如一树春天里绽放的希望。木棉花又称英雄花，连坠落也分外豪气。它从树上落下的时候，在空中仍保持原状，一路旋转而下，然后"啪"一声落到地面，掷地有声，仿佛当年牺牲的革命志士们将浩气长存之势寄托在木棉之上。

　　北楼前和南楼后的榕树，虽然不及木棉树古老，但盘根错节，枝繁叶茂，有王者的气势。清人屈大均在《广东新语》说："有乔木森然而直上者，皆木棉也；有大树郁然而横垂者，皆榕树也。"

　　南楼草坪中的那棵樟树，也能称得上是执信中学校园里古老的树木了，大概有百年的历史了。巨大的树干已经倾斜欲倒，依靠两根仿照树干的水泥柱支撑起来，但生长得蓬蓬勃勃，枝绿叶翠。初夏开花，花上一圆浅黄色的锥花序，散发着一股浓烈的樟脑香味。樟树的风姿，记录着历史的沧桑。老一代执信人都知道，岁月如流，时代多变，这棵古老的樟树，伟大而受人敬慕，几经战火洗礼依然健在；更加神奇的是独树成林，遮天而强悍。

　　文化办校，愈发峥嵘。执信中学的文化充满了中国传统的人文气息。执信中学的育人理念体现为"尊重学生人格，人人平等，尊重学生的个体差异，坚持人人有才，人物全才，因势利导，人人成才"的学生观。执信中学的特色还体现为尊重人的差异，尊重人的思想自由，追求人的价值，注意保护学生的好奇心、兴趣、自主学习意识和思想自由，同时给学生的发展创造宽松的环境，这些都有利于学生创新精神的培养。

执信中学历史上第十五位校长何勇表示，现实的学校教育较之理性的教育有着很大的差距，学校教育受太多因素的制约，有人比喻为戴着镣铐在跳舞，但是我们没有怨天尤人，更没有随波逐流，而是坚守在教育的轨道上，坚定做好自己，尽职履职。

正如萧伯纳所说："要是世界上一切都很完美，我们就没有事情可干了。"在教育功利化越来越严重的环境中，执信中学始终坚持创办初期的办学理想，坚持着眼于学生的全面发展和终身可持续发展，关心学生的学业成绩，更关心学生身心的健康、人格的塑造和精神的独立，重视学生综合能力的培养和提升。

何勇校长结合"崇德瀹智"的校训，把执信中学的文化气质精确地归纳为"厚重大气、民主包容、革新进取"。执信中学以厚重、大气、多元、高雅的学校文化，为学生打造出了一片主动发展的广阔空间。

执信中学校园内朱执信先生墓的存在，有力地彰显了师生对文化的敬畏。这种敬畏心跟环境教育息息相关。"厚重"来自朱执信的天生气质——创办者与被纪念者都是一代伟人，校训与校园建筑一脉相承，这种文化底蕴的厚重是其他学校无法比拟的；"大气"来自执信中学办学者尊重教育规律，不在乎一时得失，秉承多做少、只做不说、做了再说的实干精神；"民主"来自执信中学办校之初，留学归来的知识分子为中国引入了民主思想与科学意识，使之代代相传；"包容"意味着接纳，好学校应允许学生犯错，学生都是在犯错中成长起来的，执信中学就是这样的一方适合学生成长的乐土；"革新进取"意味着无论在任何时代，执信中学都积极应对社会经济与政治的变化，并持之以恒，以进取的精神来办学，不迟疑，不退缩，坦荡坦然。

第三章

经师人师　行为世范

在近半个世纪的国内外教育领域，无论是学校教育的核心素养，还是教师的核心素养，抑或是学生的核心素养，执信中学都是榜上有名的。由此，"好学校"这块金字招牌对执信中学来说当是实至名归。

好学校必有好教师。21世纪，好教师的标准不再是过去倡导的"春蚕到死丝方尽，蜡炬成灰泪始干"的工作精神，而是符合当下的大教育背景对教师提出的更高的要求：首先是具有专业精神，其次是具有专业知识和专业能力。与此同时，国家对教师的卓越自我发展定位也出台了新的标准：成为敏锐深刻的自我剖析者、自我发展的积极者、学生学习契机的创作者、学生学习生涯的陪伴者、整体知识结构的提供者、学习发展价值的发现者。

不仅执信中学拥有好教师，而且有的教师甚至达到了卓越教师的标准。在师德方面，他们明道又信道；在学术方面，他们见解独到，拥有孜孜不倦的科学精神，具备严谨的治学态度，有担当，有翻转课堂所要求的专业能力等；在课堂方面，他们既擅长"教"学生，又致力于"导"学生；课后，他们不仅做学生成长路上的"经师"，而且甘做学生的"人师"。对比知识传授，他们更看重"传道"。不难看出，执信中学的教师用自身的典范昭示同行们——教师是太阳底下最崇高的职业。

执信中学的教师的变化均离不开学校科学的、别样的培训体系。首先，执信中学一向以注重提升教师的师德素养和精神诉求为根，通过不同程度的学习提高教师的教育能力，从而丰富教师的师魂底蕴；其次，执信中学以点燃教师的职业兴趣为目的，为教师开启基础的职业定位培训，以此提升教师的职业幸福感和成就感；最后，执信中学不忘加大力度营造学术研究的氛围，全方位提升教师的思维水平、教育创新能力及专业素养。

"快乐于师生交流，开心于合作无间，满足于攻克难关，欣慰于学生进步，得益于频传捷报，不是幸福是什么呢？"在郭植群老师眼里，幸福就是这么简单，施及学生，惠泽自身。郭老师简单的一句话道出了其高尚的职业素养。

可以说，执信中学的教师的师德素养直接影响了执信中学的学子。执信中学的教师并非天生丽质，但他们总能保持和颜悦色的状态，善待每一名学生；他们善谈、健谈、乐谈，拥有广博的通识知识和科学知识，经常在一起备课（见图3.1）；他们授人以鱼，又授人以渔；他们集爱心、耐心于一身，用心履职教师这一崇高的职业。

"师也者，教之以事而喻诸德者也。"①教师对学生的影响，除了学识和能力之外，还有教师自身的为人处世的价值观。学生的眼睛是亮的。教师的精心付出都被学生看在眼里，记在心上。执信中学的初中生非常直白地评价他们的教师："我们的老师在课堂上，极少出现空白说教。他们会通过精准的解读让我们既掌握知识，又理解知识的意义与价值。此外，我们的老师知识渊博，才思敏捷，举一反三，刨根问底。他们似乎很了解我们，总是能激发调动起我们的学习兴趣和热情，让我们精神饱满。课后，他们待我们如朋友一般，一起天马行空，无所不谈。"学生在求学生涯中，能够遇到这样的老师，怎能不幸运呢？

图3.1　数学科高三备课组展示集体备课

---

① 《礼记·文王世子》

第一节　校长垂范　还原生活

陶行知认为，校长是一校之魂，办好一所学校，校长是关键。但他同时又强调，校长不是特权者，不是政客，而是学校教员的领袖、学生的领袖。何勇校长对于如何做好 21 世纪的校长也有其独特的看法。他凭借自己在执信中学任职 10 年的经验有感而发：现今的校长确实不能把自己仅仅看成是一个管理者，更应该将自己归位于服务者和合作者，而且必须重视合作；学校也唯有合作才能实现共赢，接受挑战，放眼未来，从而达成共识，共同推动学校的发展。其次，校长要有教育情怀和工作激情。有教育情怀不容易偏离教育的轨道；有工作激情可以感染教师队伍，让他们充分感受教育的魅力，从而去享受这种教育生活。当前教育存在众多问题，其实质是忽视了对师生教育生活的关注。我们的教育改革应当还给师生应有的教育生活，用丰富多彩的、有品位有情趣的教育生活承担教育的使命与责任。执信中学近年来已经将"还师生完整的教育生活"作为学校管理追寻的方向。最后，校长作为教师和学生的领导，必须有意识地让自己处于不断学习的过程中，用智慧引领教师队伍向前行，用爱的教育引导学生成长。何勇校长是这么想的，实践中也是这么实施的。10 年任职校长期间，尽管工作繁杂，他还是用自身行动谱写了一首合格的"服务员"之歌。

何勇校长在执信中学工作了二十多个年头，把人生最美好的青春奉献给了执信中学。而今，青丝换白发，他越来越饱含激情。谈及执信中学，他如数家珍。

执信中学创办至今，一直坚持专家治校、名师治校，引领教育教学改革。学校尤其注重教师专业素养的提升，每年暑假都有为期三至四天的全员培训活动，内容有校长的主题报告、国内高水平的专家学者及名师报告，以此来提高教师的思想境界。学校请本校的优秀教师、班主任做经验分享，以此提高其他教师的教育水平；同时，在校内开展行政人员、学科教师、年级教师交流活动，分享教育管理心得。学校也支持教师开展个体研修活动，提供机会并鼓励教师到国外进修、学习、考察，开阔教师的国际视野。

为了鼓励教师积极开展课题研究，学校制定了《执信中学科研课题管理条例》，加大对教师开展课题研究经费的支持力度，并多次邀请专家及学校的优秀教师给全体教师做如何确定研究课题、如何开展课题研究的辅导报告，鼓励教师开展教育教学课题研究，以使他们形成自己的教育教学风格。近几年来，学校教师承担的各级"十二五"规划课题二十多项，其中研究成果"问题驱动的数学教学理论与实践探究"获2014年国家教学成果奖二等奖。学校还一直注重制定人性化的管理制度，营造民主和谐的校园氛围。学校完善民主管理机制，发挥教职工代表大会的作用，在涉及学校发展的重大问题和教师切身利益的事情上坚持公开公平公正的原则，科学民主决策；同时，发挥学校工会的作用，组织教师读书会、教师论坛、文化沙龙、电影欣赏、养生保健讲座等各项活动；此外，每年还为退休教职员开欢送会，表彰他们为学校的发展做出的贡献。

学校也一直坚持把育人放在教育的核心位置，尊重学生的主体地位，尊重学生人格，关注每一名学生品行和人格发展，积极为学生的个性发展提供条件与环境，努力为学生创造丰富多彩、难以忘怀的学习空间。对于应试，学校也非常关注。何勇校长认为，好学校一定要有所担当，不该回避应试教育；何况在好学校评判标准里，没有谁不在乎升学率。作为学校，看重升学率没错，但不该将升学率作为唯一的评判标准。好学校培育好学生不难，难的是不放弃每一名学生。何勇校长的这一理念得到了学校教师们的回应。由此，不放弃每一名学生成了执信中学教师团队多年来传承下来的美德，无形中深入了教师的师德灵魂。

何勇校长深情回忆：记得有一年，我带高三的其中一个班。班上有一名学生被贴了"问题学生"的标签，变本加厉，不爱学习。于是我有意接近他，从面对面交谈到零距离交谈、促膝之谈，再到最后的无话不谈，终于激发了他内在的潜能。他由被动学变为主动学，然后有目的、有方向地学，最后达己所愿。

其实，最终令我们欣慰的不是学生考上了某所名牌大学，而是在这个教育引导的过程中，学生因为受到尊重与激励从而懂得求知的意义、沟通的价值及适应社会的能力。明代大儒王阳明说："志不立，天下无可成之事。虽百工技艺，未有不本于志者。"[1]由于经常跟学生打交道，因此对于好坏学生的差别，何勇校长的心中固然有标准。他说有志向和没志向的成长效率完全不一样，前者有胸怀，有格局，能够专心致志致力于某个领域的研究，乐意为社会做出重大贡献；而后者的明显表现是在人生成长的路上，一直毫无目的地画曲线，始终不能在一个领域有所成就。何勇校长还创办了"何勇名校长工作室"，引领工作室成员（见图3.2）一起不懈奋斗。

为什么执信中学的学子在日后走向社会、服务社会的时候，总是能特别出彩、引人注目呢？其实答案很简单，执信中学的学子，遇上了执信中学这些热爱本职、有责任、有担当、有仁爱之心、有较高师德素养的教师而已。

图 3.2　何勇名校长工作室成员合影

---

① 郑嵘：《王阳明全书》，83 页，北京，北京联合出版公司，2015。

第二节　教学创新　师生协作

但凡谈到学校教育，总是绕不开日常教学；想到日常教学，许多人脑海中都会浮现出这样的画面：老师在讲台上板书，学生埋头静心做笔记，然后晚上硬着头皮写枯燥的作业。这样的教育关系宛如一潭死水。执信中学别有一番风景。老师们无论教授什么学科，都会让学生在掌握理解学科基本结构的基础上独辟蹊径；学生也专心认真完成每一科的练习。原因在于教师没有敷衍自己的事业，而是千方百计寻求寓教于乐的方法，用最有趣的方式给予学生最优质的学习体验。在这种环境下，师生已不是教与受的单向关系，而是引导与摸索相结合、共同挖出知识宝藏的协作伙伴。

此外，执信中学还自主研发了一套让学生爱不释手的练习册。它们均出自各科任课老师之手，调侃、清新、霸气、情调，各种风格俱备，折射出教师快乐教学、学生快乐学习的理念，使得教和学都是一种由内而外的自发的充盈和享受。

英语专项练习册上写着：英语虐我千百遍，我待英语如初恋。生物练习册上写着：高考不考但不得不做，做了未必会，会了也未必对。数学练习册上的话语更是创意十足：启禀陛下，臣等谨遵圣旨悬梁刺股，焚膏继晷废寝忘食，夜以继日熟读九章算术，不求与祖冲之并肩，但求同赵君卿共话弦图。叩谢圣裁。有学生因此笑称，以后上数学课都不叫上课了，改叫"上朝"。

小小练习册承载着多少欢乐多少爱。

在育人思想上，执信中学提出了"学校以教师发展为本，教师以学生成长为本"的理念。学校强调尊重学生人格，人人平等，尊重学生个体差异，坚持"人人有才，人无全才，因势利导，人人成才"的学生观，摒除功利杂念，不但关注学生学业的成功，更关注学生一生的发展。

在教学价值观上，执信中学主张把以知识为本的课堂教学向以学生发展为本的文化育人转变，从科学知识的传授拓展为科学创造的文化滋润，包括科学的理想、信念、精神、价值的熏陶，通过各种实践活动培养创造能力和动手能力，使科学与人文结合起来，给学生以自主行动的空间，把学生的发展当作目的。

在教育教学方法上，执信中学的教师变"教"为"导"，重视知识的掌握、学习兴趣的培养、学习方法的指导和情感的交流，重视运用榜样、讨论、谈话和陶冶的方法。在教学内容上，执信中学的教师强调人文学科的意义，但不限于人文学科，而会扩展到一切能够陶冶人性的方面，包括人际关系、生活情境、校园活动、艺术教育、道德教育、情感教育，乃至科技教育的许多领域。

在教师观上，执信中学主张教师做一名快乐的传播者，强调教师与学生人格平等，尊重学生的人格尊严，提倡师生真诚对话；在教育目标上，重视学生人格的培养，把培养学生的独立人格和独特个性作为重要目标。

可见，从学校领导班子到具体落实的每一位普通教师，每个人都对自身职业、对教育教学有明确的价值定义。因此，这样的职业素养，这样的师德，是执信中学普遍存在的。

古语有云："近朱者赤，近墨者黑。"执信中学文化的光芒吸引了更多优秀教师加入。环境育人，教师队伍受潜移默化的影响，凝聚力越来越强，队伍的壮观成形使得执信中学的校园熠熠生辉。

确切说，执信中学的教师团队执着于教书育人，热爱教育工作，全神贯注地关注学生本身。执信中学有温度的教育也因此让学生的生命得到了激扬。

第三节　爱我杏坛　忘我耕耘

教书是一门艺术，虽然并非每一位教师都是艺术家，但执信中学的教师却有着"导演"的本事，硬是将教书这门"苦差"变成了艺术。原因在于，他们对教育有正确的认知。他们觉得"教"是知识体系的统合，"育"是价值体系的统合。因此，执信中学的教师们综合素养很高，不管是人文、信息，还是研究和自主发展的素养等，一应俱全。教师们自由的思想、开放的心态、民主的作风、亲民的举止，全都浓缩成先进的教学理念。这一切，不仅让学生沐浴在爱的光辉里，而且让学生自由发展。执信中学的学生乐学、善学、勤于思考、善于提问等的学习品质，甚让教师感到骄傲。

曾湖仙老师的课堂，就是这种理念的最佳诠释。他从 2001 年到执信中学执教至今，孜孜不倦。他的第一届学生就亲切地给他取了外号：仙哥。仙哥身材高瘦，戴着一副眼镜，两鬓微微有些白发，颇有点仙风道骨。正如他的学生所说的，他像是从古书里走出来的人物。他是广东省中学语文特级教师，广东省中小学教师工作室主持人，广州市首批基础教师系统骨干教师，广州市优秀科组长，执信中学语文科组长。当然最重要的是，他重视人文、旁征博引、善于点拨、深入浅出、激情生动、幽默风趣的个人教学风格，深受学生喜爱。

曾湖仙在执信中学多年带毕业班，他不想让学生们为分数所困，因此始终保持激情生动、幽默风趣的讲课特点。"曾闻其蕴深如湖，道骨仙风未可睹。今知此君涵似海，春风化雨沐其徒。"这是学生为曾湖仙量身定制的诗，从中我们可以想象学生对他的爱戴之情。师生之间的感情都是相互的，曾湖仙在每一年送别高三学生时，都会赋诗一首，送给学生。"自信剑芒穿兜鍪，谁人敢与占鳌头。且笑庆馀问夫婿，何须水部夸歌喉。题海书山浑不怕，轻风明月自悠游。麒麟并非人间物，归来岂止万户侯。"这是 2011 年高考前夕，曾湖仙赠给学生的诗，对学生的鼓励与爱都藏于其中。他对学生日常的赞赏用词更是毫不吝啬，常连用大量的副词，如"你说得完全没错，你了不得，你是最棒的，好极了……"。竭尽赞美，虽然听起来很"肉麻"，但却对学生很有激励效果。

在我们的观念里，学生如果上课迟到，必然会遭到老师的责骂甚至惩罚。但在执信中学校园里，这种所谓惩罚通常为老师所摒弃。曾湖仙有一个不成文的约定，就是他自己如果上课迟到了，学生可以罚他唱一首歌。尽管自己有点五音不全，但可以换来学生开怀大笑。他自称，自己常和学校的物理老师胡传新搭配登台献唱或在年级巡回演出。他们那变调的歌声让学生轻松了不少，使学生在课堂上打起精神听课。喜欢娱乐别人，也让学生娱乐自己是曾湖仙与学生的相处之道。

在曾湖仙老师的课堂上，课文内容的传授仅是一部分；更多时候，他会拓展到其他方面。比如，有时在课堂上他会和学生先探讨新闻话题，如曾一时受到热议的"京剧比基尼"，他让学生就比基尼加入戏曲元素这一现象展开讨论，只需两三分钟时间，就可以让整个课堂气氛活跃起来。"我倡导学生多阅读，课堂讨论答案不是唯一的，是可以多元的。"曾湖仙称，自己为了讲好一篇课文，备课的时候会翻遍相关的各种书籍。比如，讲到鲁迅的《纪念刘和珍君》，他会查看大量关于鲁迅的文章，给学生讲鲁迅小时候的经历，帮助学生了解课文。

在 2017 年夏季执信中学散学礼上，曾湖仙获得第九届"感动执信"人物的荣誉。给他颁奖的，正是他 2004 届的学生、今任罗德国际公关传播公司高级顾问的唐思。唐思如是说，对于学校的邀请已是异常兴奋，当获悉需要她上台为自己敬爱的老师亲自颁奖时，她更是为之激动，以至于登台颁奖时，手忙脚乱，不知所措。接受采访时，她饱含真情地说：

"仙哥在我眼里是一位既入世，又出世的人。他的入世在于他的勤奋，在自己的教学岗位上做出了十分可喜的成绩；同时，他也特别关注社会上的各种时事，不仅有自己的"时评课"，而且会在微博上对时事进行点评。他的出世在于他一直保持着对文学的诗意向往，并在课堂上把对欣赏文学的美的能力传授给每一名学生。他让我们知道，文学并不是无用之事，因为它能让我们获得对万事万物的审美能力，使我们的精神世界变得丰富且完整。大多数人在进入社会后，被许多繁杂的事物缠身，很容易忘记去留意生活之美，忘记自己的灵魂诉求。但我很幸运，在忙碌的现实世界中，仍能常常感知世界的诗意和美，像老师一样，既能出世，又能入世，不放弃对生活的审美和对诗的追求。

执信中学的教师平易近人，是学生在知识领域里形影不离的伙伴，是学生的引导者。正是老师们别出心裁的创意教学，才使得枯燥高压的备考生涯里经常回荡着欢声笑语，也因此留存下许多感动人心的回忆。

第四节　教学相长　相得益彰

执信中学的英语教学极具特色，这不仅让学生爱上了英语，掌握了学习的技巧，而且培养了学生勇于探究的精神。2015 年高考考完后，在执信中学高考考场外，执信中学一男生面对守在考场外的媒体，说了引爆全场的一句话：如果爱情也像英语那么简单就好了。对于大部分执信中学的学生而言，英语确实是一道"拿手菜"。因为在执信中学的校园里，英语学科的崛起有其深厚的基础。

追溯到 20 世纪 70 年代末，执信中学英语科组长黄勉香是归国华侨，她重视文化与知识教育的结合。由于当时教材较少，而且书本内容主要是些理论性的文字，她便把香港的教材打印出来给学生上课；同时，走在英语教育与改革前沿的广东外语外贸大学，将新的教育教学理念、教育改革的方向趋势带给了执信中学英语教学。执信中学英语科开始以大量输入为手段，以抓基础知识和技能为目标，重视对学生学习能力的培养和学习过程的关注。到 20 世纪 80 年代初高考改革，执信中学的英语自然露出了锋芒，成了英语教学与改革的排头兵。

执信中学的学生毕业后会发现，在执信中学学习的英语不仅对当时的高考有用，到了大学参加四级、六级英语考试时依然有用，尤为神奇的是留学了或者到社会上工作了还是可以发挥作用的。执信中学英语老师余小倚说："让学生成为一个什么样的人是我们首要考虑的问题；教学是学生与老师一起学习与进步的过程，而不只是为了完成教学进度，不只是为了应付高考；教学是为了培养学生的学习能力，引导学生找到学习的规律，从而感受到学习的乐趣，并增加为学习的动力。"鉴于学校整体生源好，学生的理解能力和接受能力较强的特点，早在 20 世纪 90 年代，英语科的教师就在拓展学习和运用英语渠道方面做出尝试，即在初高中的英语教学中添加新概念英语的教学并取得了不错的效果，扩充了学生的文化背景知识和阅读量，使学生巩固了基础知识，发展了听、说、读、写的基本技能，也相应地提高了综合运用语言的能力。

2002 年，在执信中学徐玲华老师为省骨干教师培训班开设的公开课上，由两名高二学生主讲的《新概念英语》的内容，改变了教师的教学方式和学生的学习方式。学生自主授课模式开始形成并在科组内推广，较好地培养了学生在阅读过程中获取和处理信息的能力、自主学习的能力，帮助学生形成了有效的学习策略。

"目前，我们每周每班都有一次学生自主授课的机会。"执信中学英语科组长林佩华表示，学生不仅享受自主授课的过程，而且还可以通过多样化的评价方式了解自身英语学习的长处和不足，逐步形成有助于英语学习的策略和文化意识，并能根据自己的学习需要不断地调整自己的学习目标和学习策略，以此增强学习英语的自信心。

学生在自主授课的过程中，充满了想象力和创造力。讲到"泰坦尼克号"沉船事件时，学生会选用同名电影的背景音乐导入课文；讲到孤岛生活时，学生就剪辑了两个有关的电影片段让同学配音；讲到上街购物时，学生制作了动画反映人们在春节前购买年货的热闹景象等。

学生们通过自主授课不仅获得了课外的知识，而且还能对自己的学习有更多规律性的认识。"我自担任班里的英语科代表以来，共有两次自主授课的经历。第一次，由于经验不足，准备不充分，课上得很沉闷，时间也安排不好；第二次，我吸取了第一次的教训，认真仔细地备课，终于获得了好评。"一名学生在老师的引领下，通过自主授课，感想良多。他深刻感受到一个道理：给人半桶水，自己必须有一桶水。对于上课的每一个安排，每一个知识点，甚至每一句话，他都做了精心准备。为了讲授一个单词，他反复查找了几次字典，基本参考书。有时为了活跃课堂气氛，他还与搭档一起进行双人表演、角色扮演游戏等。

这样的教学模式，不仅能让学生对目前的知识掌握到位，还能帮助学生养成理性思考和批判质疑的能力，更有助于提高学生学习的能力。执信中学2015届校友、广东省理科总分前十名的叶彤曾写道：

在执信中学学习的三年里，令我感受最深的是这所学校处处散发着的自由和民主的气息，平易近人的老师就像我们的好朋友一样。在学习上，老师鼓励我们自主安排学习。到了大学之后，我深刻地体会到这种自主学习的态度与能力会更有利于我掌控自己未来的方向，执信中学带给我的思想独立会让我终身受益。

育人先正己，执信中学的教师非常注重创新教育模式的研究，再加上他们学贯中西，满腹经纶，因此能引导学生找到学习的规律，懂得转化学习的内动力。同时双向的知识头脑风暴，让学生越发印象深刻，受益终身。除了课堂上的知识输入与灵活运用外，执信中学的教师还会带领学生走出课室，开展别开生面的教学课堂。

第五节　注重心理　关注人文

校友张光秦曾说过：

原来名师不会因为长期站在升学的最前沿而变得计较，而会因为深知现有教育中存在的问题而更加豁达。执信中学的老师们有格局，重发展，他们不仅关心学生的当下成长，还考虑学生的未来发展；除了关注学生在执信中学的成绩，更看重他们在以后的人生道路上是否可以走得好、走得稳；同时，他们还不忘关注学生在学习的过程中是否快乐，有没有掌握适合自己的学习方法，如何获得自我充实的精神……这些都是执信中学老师要传授给学生的精辟内容。

余振坤老师曾经给学生上过一节独具匠心的课，旨在教会学生惜时向上。

几十名学生，就那么坐着；每个人都两眼微闭，静静的，静静的……请别以为他们是在闭目养神，或者练什么气功。他们在上课，上余振坤老师的课。这堂课的主题就是"惜时守时"。余老师让大家安静坐着，仔细体悟时间的流淌。没有人说话，大家在时间的长河里，感受逝去的光阴怎么也不可逆转，不再回来。

第二节课，地点不变，学生不变，谈论的话题还是跟如何惜时守时有关。余老师让学生畅所欲言，畅谈自己的感想，有赢得掌声的，有引发争议的。无论何种观点，都是学生经过上节课 40 分钟自己冥思苦想的结果。余老师于一旁不时添加精彩点评，对学生们来说，简直就是醍醐灌顶。

上课的这个地方，就在执信中学世纪钟下。

为什么把课安排在这里上？

因为世纪钟是余老师最喜欢的执信中学的景点。之所以喜欢，是因为它凝聚着执信中学校友对执信中学学子的美好祝福与热切期望。世纪钟，三条柱，三面钟。这种设计非常独特，包含的寓意也非常深刻。三条柱，三面钟，寓意它是由三届(1980、1984、1987)学生捐建的；"三"在粤语中与"生"谐音，寓意生机勃勃。三条柱大小不同，高矮不等，寓意执信中学学子天天向上、人才辈出。

世纪钟的底部，有一块花岗岩，上面刻诗一句："驰光如骏骤，一去不可追。"这是宋代诗人欧阳修《答吕公著见赠》中的名句。余老师说："我们修建世纪钟的目的，就是希望执信中学学生能惜时、守时。"

教师不仅是知识的传授者，更是学生心灵的撼动者。直抵心灵的课程可以改变人生的轨迹。校友詹德虹这样回忆她的美术老师：

作为素质教育推行较早的学校之一，执信中学一直重视开设有助于提升综合素质的课程，如美术课、音乐课等，其中我最难忘的是初中杨希云老师的美术课。杨老师有着独特的个人魅力，喜欢戴着蓓蕾帽，说话时而幽默时而严肃，做事非常认真。虽然性格有点特立独行，但没有谁会不记得他。

首先从特别的美术教室开始。当年的美术专用教室在北座二楼的末端，大门在中间，一进门的右侧是一个用鹅卵石铺成的金鱼池，上面有一个公布栏，是公布优秀作业的地方；左侧是上课的地方，没有正规的桌椅，而是放着多排高低不同的板凳，板凳旁插放着一块面板。教室周围有历年来学生的优秀作品或是杨老师自己的作品，艺术氛围甚浓。而且每次在我们画画或做作业的时候，杨老师还会用音响播放音乐。所以从第一次进入这间教室开始，我就对每一节美术课兴趣至深，充满期待。

杨老师上课不会照本宣科。我记得他要我们完成的第一个作业就是在校园里自找材料（不能花钱，不能破坏公物，最好废物利用）制作一张贺卡。这样的一个作业对于当年刚上初一的我们来说非常有趣。没多久，枯草落叶、易拉罐、小石头、糖纸、鸡蛋壳、废旧挂历等大家能想到的东西都被找了回来。然后在杨老师的指点下，大家各自发挥想象能力和创造能力，很快就把这些看起来不起眼的小东西制作成了一张张漂亮的贺卡。其后，杨老师在表扬优秀作品和小结这次小制作的时候说："艺术不是什么高不可攀的东西，而是在我们的生活中无处不在的，只要你有心就可以发掘出很多艺术灵感。"从一次小小的学习体验中，杨老师不仅教会了我们审美、创意，培养了我们的动手能力，而且还让我们体验到了艺术哲理。

在以后的美术课上，杨老师除了教我们色彩、素描、绘画外，还教我们制作小浮雕、玻璃板画、圆雕等，让我们过足了艺术之瘾，让我们总是觉得每周一节美术课实在太少。时隔几十年，这些当年制作的小作品依然摆放在我房间的展柜里，每次看到它们我都会想起初中三年杨老师给我们带来的艺术享受。正如杨老师所说："上美术课不是培养艺术家，而是要培养高雅的艺术情趣。"

这种智慧型的教学能力，貌似不实用，玄乎如道家的无为而治。实则正是这些无用之用，才大大启发了学生的创造性思维，才避免了让学生沦为学习机器的悲剧。俗语有名师出高徒，执信中学的教师无论是知识素养还是能力素养都非常高，他们的学生也不会差到哪里去吧！

第六节　科学素养　课堂渗透

执信中学的教师注重变教为导，无形中培养了学生的科学精神。但在实际操作中，学生会提出五花八门的疑问，甚至是对课堂内容的质疑。爱因斯坦曾经说过这样一句话："思维的火花是在碰撞中产生的。"在教学中，执信中学的教师注重引导学生发现问题，敢于提出问题；"于疑难处质疑"，在学习过程中及时发问；"于无疑处质疑"，让学生拨开迷雾，在看似无疑的地方发现有价值的问题；"于核心处质疑"，让学生在教学的关键处寻找疑问。不得不说，教师们的创新教学不仅点燃了学生的学习兴趣，也让自己成了广州市名班主任工作室的主持人（见图 3.3）。

图 3.3　广州市名班主任工作室授牌仪式上主持人的合影

在执信中学数理化课堂上，教师注重教给学生质疑的方法。在教师的引导下，学生自己提出问题，又寻找各种方法解决，在答疑解惑中成为学习的真正主人。如此烦琐冗杂的教学任务，若教师没有兢兢业业的教学态度，是不可能完成的。

周帼雄是一名化学老师，她表示高中化学课程体系大，教学内容多，学习难度较大，但学校教学课时少，她一直在探讨如何在有限的课堂教学中让学生真正掌握化学原理，摆脱题海战术，做到热爱科学，提高能力。"我们通过多年的教学实践，尝试开展探究实验教学，可以激发学生学习化学的兴趣，提高学生学习能力，高效、高质量地完成课堂教学。执信中学化学科的成绩在历届高考中能够稳定地保持广州市第一名，在学科竞赛中名列前茅，在全国中学生科技竞赛中取得了全国二等奖的好成绩。"

这是一节让学生难忘的"原电池原理"的实验探究课。实验用品有锌片、铜片、导线、电流表、自带水果。学生往水果中插入两片金属电极，连接电流表，形成闭合回路。即使是严谨的实验课堂，也充满了生活的气息，让学生在实验中感受到了生活。

通过切身体验操作，学生看到在锌片和铜片做电极的装置中，用柠檬、橘子、番茄、芒果、梨等多汁水果组成的电池产生的电流较大，用苹果、香蕉等少汁水果产生的电流较小。

在两片锌片或两片铜片做电极的装置中，使用所有水果组成的电池均没有电流产生。

在锌片和铜片做电极的装置中，用橘子做电极，没有电流产生。

在锌片和铜片做电极的装置中，用葡萄做电极，没有电流产生。

电流表中指针偏转的方向总是从负极向正极。

根据现象，学生会自由组合，展开多方交流讨论，得出结论。毋庸置疑，这是一节有趣的课，学生动手动眼又动脑，将脑海中盘旋的多个"为什么"一一解答出来，畅快淋漓。"学生在严谨而活泼的实验课堂中，清晰地认识了原电池形成的条件，从实验中得到乐趣，自己动手实验，深刻地理解了基本原理。用这样的学习方法学到的知识是自己的、难忘的，更能让学生在习题中融会贯通，摆脱题海战术。"周帼雄课后如此总结。

在化学课上，这样的小实验是很多的。教师通常都会精心设置小课题，引发学生探索的热情。

如在高一元素周期律的学习中，学生已对 $Al(OH)_3$ 的化学性质有一定的认识。如果采用完全新授课的形式，学生不感兴趣。那么如何引发新的学习高潮，让学生温故而知新？教师精心设计了两个小课题。

本课一开始，教师设置了一个问题情境：我们将学习 $Al(OH)_3$ 的性质，但却没有现成的 $Al(OH)_3$，我们现在需要这种药品，那么我们可以利用自己的知识"制造"所需物。任务刚布置完，学生的学习热情瞬间被激发，随后引发了对 $Al(OH)_3$ 制备方法的思考。

各种实验方案的实施过程中，都有教师可知或不可知的问题出现。教师采取的是公平、民主的态度与学生共同探讨，共同实验，而不是轻易下"是"或"不是"的结论；让学生通过思考、分析、讨论，尽量自行找出解决办法。在课堂上，教师既传授知识又注意激励学生思考，努力成为一位意见的参与者，一位帮助发现问题而不是说出真理的人。

在讨论和实践中，学生会在不同的情境下产生疑问，教师也随之采取了不同的处理方法。若学生对设计方案的可行性存在怀疑，教师会引导他们不要轻易下结论，而是通过实验来尝试解决，让他们懂得实验是实践、分析、解决问题的好方法。

若在实验中产生新的疑问，而这些疑问又不是本课讨论的重点，教师便鼓励学生发挥创造性思维，查阅资料，课后再分析和实验，甚至安排下一课时再探讨。

若学生的疑问暂时或真的超出教师的知识范围，教师会以放松的口吻与学生讨论可能的解释，并在课后一起翻阅资料，一起实验，一起分析，寻找答案。

常言道，教师教书也育人。执信中学的教师在教学上一丝不苟。对于学生的人文素养的培养，他们也找到了科学务实的教学方法。执信中学教师们的可敬之处就是，他们不会受限于书本知识的传授，而是延伸课堂教学，阔宽视野，通过多元文化的教育教学去影响学生的终身发展。

第七节 尊重人性 循循善诱

一位教师也许无法改变考试制度与教育评价制度，无法选择教材与学生，但是可以选择教育教学过程的手段、方法、技巧，以及走进学生心灵的途径和方法。

在学习方面，很多学生都会在重要时期倍感压力，甚至心不在焉，异常迷茫。执信中学的教师用其耐心教育的光辉，温暖人心，助力成长。执信中学2016届校友詹仲业（清华大学）回忆起过往，激动地说：

> 刚上高三时，我感到比十几年来任何时候都更加压抑与不安。作为一个生性懒散的人，我在作业与考试间痛苦挣扎，毫无学习的动力，乃至于质疑上大学的意义，欲图逃避高考。然而执信中学的老师们就在这时候展示了什么叫好老师。我还记得数学连考了三次刚破百的成绩后被数学老师连找了四五次，数学老师一针见血地指出了我当时存在的种种问题；还记得语文老师与英语老师耐心且详细地为每一名要求面批的同学讲解每一篇作文，有时一篇要花半小时甚至更多；还有印象深刻的生物课，好奇心极强的我几乎每节课都会提出与课内知识、考试几乎毫无关系的质疑，并坚定地与生物老师进行争辩，而老师会耐心地为我解答所有的疑惑，有时甚至下课查找相关的资料后再找我论述。这在高三简直是不可思议的，然而这就是执信中学。没有在执信中学的学习生活经历，绝不会有现在的我。

你如果认为执信中学的教师只是对某名压力相对严重的学生耐心教育，那就太低估他们的魅力了。执信中学的教师还会用自己独特的配方，为每一名学生熬制出专属的"心灵鸡汤"。

如语文老师李穗就曾经写过一封信为学生导航。事情的背景是这样的：进入初三下学期，作为班主任的李穗就明显感觉到班里学习气氛浓厚这一表面现象之下隐藏着一股焦虑、不安的暗流。通过分析学生的心理状况，她意识到这是学生的自我期待和自我评价驶入了误区，导致他们在学习的航路上迷失方向，满心焦虑。对于大多数学生而言，过多地强化自己的目标意识，使他们往往将目标简单地定位在"考上某某理想高中"。目标如果难以实现就难以激发出雄心勃勃的斗志，学生自然就会产生丧失希望的挫败感；如果目标可能实现，学生又常常感到惶惶，每日都受唯恐与目标失之交臂的情绪的折磨。

可见，为了某一目的而学习的做法令学生太过功利，最终必将在心理上厌学、弃学。正确认识目标不应该强化目标实现这一结果，而应该倡导为了实现目标去努力奋斗这一过程，让学生形成勤奋学习的品质。为了启迪学生变被动学习为主动学习，李穗决定写一封信向学生表达教师对他们的期待，希望在具体情感的基础上向学生阐明教师的观念。

据说，教师的肺腑之言让学生动情；教师的细致安排更是润物无声，似无形的手抚慰学生们脆弱敏感的心灵，使之更有力量去面对学习上的压力。

教育家徐特立先生说："教师有两种：一种是'经师'，只教给学生知识；一种是'人师'，除了教给学生知识之外，还教会学生怎样做人。"

执信中学禤广辉老师曾经给学生布置过一道特殊的家庭作业：给父母洗一次脚。这一次作业缘于禤老师在报刊上看到的一则报道：

一家外企招聘职员，经理问应聘者是否给父母洗过脚，那位女应聘者很诧异，不知其意。经理说，你回去洗过脚后再来找我吧。为了得到这份工作，她回去烧了水硬着头皮给母亲洗脚，母亲也很难为情地由自己的女儿来替自己洗脚。几十年来，她只习惯给儿女们洗脚，女儿的行为让母亲很感动。做女儿的开始有些笨拙，学着母亲当年给自己洗脚的程序，一点一点地洗起来。女儿边洗边想：人老脚先老，说的真是一点没错，母亲真的老了，自己之前却一点都没感觉。她心里起了愧疚感，心想今后一定要好好孝敬母亲。她问起母亲脚上的伤痕，母亲讲起了当年插队落户的往事。经过这件事，母女俩的感情似乎拉得更近了。第二天，她回到经理那里，对经理说：不论你这次是否聘用我，我都要感谢你，你让我懂得了一些过去不懂的东西。经理对她说：我要的就是像你这样的员工，你被录用了。

看完报道，褟广辉老师深有感触。他想：我们在追求一些大而空的东西的时候，往往会忽略或丢掉一些细微却宝贵的东西，而它们却是我们做人的根本。丢了，其他的又从何谈起呢？于是，褟老师适时布置了一份作业：母亲节给母亲（母亲不在的，父亲或祖辈也可）一份特殊的礼物——给她（他）洗一次脚，洗完把经过写下来，交给老师。

褟广辉老师详细描述了当时的情景：

学生听完，一片哗然，纷纷说很难完成作业，跟我讲起了"价钱"。我略做解释后，以班主任不容置疑的口吻，把"作业"布置了下去。母亲节过后，收回了作文，多数的文章都写得很感人，这是过去改他们的作文时少有的。后来调查得知，四分之三写的是真实的，其余有的是写洗手的，有的是瞎编一通。我在总结时表扬了那些真的去做了的学生，讲了那个故事，也讲了老师这样做的用意，然后读了学生们写的好文章。记得在读到感人处，课室静静的。我明白，他们正思考着什么，也觉悟到了什么了。我也谈了我和我的母亲，讲了我的故事及我对母亲的感情，讲得很动情。之后开家长会，家长们主动与我谈了他们的感想，对这次特殊的作业大加赞赏。我的努力有了回报。但我深知，光靠一次活动就想达到目的是不可能的，这只能作为今后教育的一个良好的开端，而好的开端是成功的一半。

褟广辉老师认为，尊老爱幼是中华民族的传统美德，爱国主义要讲，更要落到实处。一个不爱自己的父母、不爱自己的家人、不爱自己的老师和同学、不爱自己的班级和学校的人，怎么会爱自己的祖国呢？对学生进行思想教育，应按照教育规律办事，由小做起，循序渐进，切忌纸上谈兵。反思我们的一些教育，费事不少，收效甚微。我们不要怪学生不听话，而是要想一想我们有没有认真研究我们的教育对象，有没有找到合适的形式和渠道，有没有找到适当的时机。如果做到了，才能事半功倍。"我觉得，用体验的方法对学生进行思想教育是一种好的途径，现在的学生，缺的就是体验。"

适宜、适当的爱与关心，将会成为学生成长中的一股暖流。与传统美德接轨的教学，既是对学生的关爱，又是对其人格魅力的塑造。成长有太多的繁难，学生们需要爱，教育更需要爱。执信中学老师的爱确实深深烙印在了学生们的心灵深处。

第八节　内化师魂　外显师德

在执信中学，每一位教师脸上都笑意盈盈，淡定而自信，温润而充满阳光。对于学生而言，这样的老师亦师亦友，既可以探讨学问，也能够谈天说地。他们用爱不断深化自己的师魂，备受学生的爱戴和尊敬。外显出来的师德无疑是校园内最靓丽的一道风光。

广州市教育局局长屈哨兵到校视察工作时，对着满脸笑容的教师说："老师的笑容最能让学生感受到爱，教师对学生的爱将是学生得到除父母家人以外另一份真切的感悟，这种感悟体验对学生人格的形成是非常重要的。"视察完毕后，屈哨兵局长还与部分领导和教师合了影（见图3.4）。爱的教育是对学生最基本的教育。教师对学生的爱，将使学生得到除父母亲人以外另一份真切的感情，这种感情体验对于学生人格的形成是极其重要的。马卡连柯说过："爱是教育的基础，没有爱就没有教育。"爱是教育事业的灵魂。热爱学生是教师的天职。我们无法想象一个没有爱的教师能教出来的充满爱心的学生。而教师对学生真切的爱，会让学生体会到这种感情，从而"亲其师，信其道"。

执信中学2011届校友、广东省文科状元赖绮玫曾写道：

在执信中学，老师是呕心沥血地向学生传授知识的引路者，是与我们平等交流切磋学问的挚友，也是给予我们无私关怀与爱的父母亲。

记得高三的时候，班主任丢下家里的女儿，每天陪着我们早读晚听；记得地理老师为了帮我们答疑，经常在办公室留到8点晚修结束；

图 3.4 屈哨兵局长与部分领导和教师合影

记得语文老师在天气转凉前一天专门来班里提醒我们多加衣服。我们依恋着老师。而老师却说，和我们在一起，让她保持年轻。执信中学的学子与恩师便是这样，即使毕业，仍割不断那份浓浓的师生情。

执信中学物理实验老师梁志成写下的到执信中学求职时的心路历程，也许代表了学校教师的共同心声：

记得在校长对我进行最后一次面试的时候，问了我一个问题："你有教师资格证，完全可以到一所中学去当老师，为什么你要来执信中学做一名实验员？"我记得我当时答道："在大学是实验室给了我一切，包括这个来执信中学的机会。我想我也要为学生创造一个好的实验室，让他们也能在执信中学的实验室感受我感受的东西。"这是一个诺言，现在想来其实也是一个事业。怎么样让学生在中学开始，就可以自由发挥创意、有实现自我的平台，是一个值得研究的课题。说实话，我更喜欢当物理老师，因为这样我可以接触到更多的学生，可以有更多影响他们的机会；但我更希望当一个拥有自由实验室的老师，哪怕里面只有一些微不足道的工具和仪器。我觉得，只要有了工具和知识，我就可以和学生一道共同学习、创造，从创造中再学习。因此，我觉得作为一个物理实验员，我是富有的，因为拥有一个实验室。在这里，我不但可以给老师、学生提供众多的学习资源，而且可以建立一个让学生发挥创意的平台；同时这里也是一个可以实现我的教育理想的地方。

也许是大学的经历，让我执着地坚持为学生创造参加比赛、展示自我的机会。我觉得参加比赛是一个对人有很大促进作用的活动，能让学生得到全方位的发展和提高，甚至也许对于某些人来说可能是一个人生的转折点。所以我非常期望我的学生积极去把握这些自我锻炼的机会。每次在上校本选修第一课的时候，我都对他们提出这样一个期望："构思一个项目，制订一个方案，完成一次制作，掌握一些技术，参加一次比赛，收获一份思考。"他们经历这样一个完整的项目过程，也许成功，也许失败。但我相信通过这个过程，他们一定会有自己的感悟。

也许还是大学的经历，让我对寂寞有了一些认识。在实验室工作、学习是比较寂寞的。静静地参加比赛，也许也是一种寂寞。但与思想的自由、精神的满足相比，寂寞也许只是其中的试金石。成功来源于对寂寞的斗争，对理想的坚持。只要经过斗争，有过坚持，即使失败也无怨无悔。我是这样走过来的。所以现在我也尽力使我的学生能够有机会经历这样的事情，感悟寂寞，坚持理想，选择自己的路，坚定地走下去。

一天下午，窗外是同学和老师体育锻炼的欢快的声音，实验室里准备比赛的同学安静地、紧张有序地焊接着电路板。烙铁融化松香的丝丝细响和窗外的喧闹声，形成了对比。我忍不住问他们："你们会不会很羡慕外面的同学在活动，而自己还要坐在这里工作？"其中一个男孩抬起头，平静地回答我："我只是好好地利用了他们打球的时间，如果我不来这里，也会去打球。但是，来这里，是我的选择。"那一刻，我感到了满足。

分管德育工作的林间开主任说自己入行至今，一直以苏霍姆林斯基这句话作为自己工作的箴言："教育工作的最后结果如何，不是今天或者明天就能看到，而要经过很长时间才见分晓的。你所做的、所说的和使儿童养成的一切，要过五年、十年才能显示出来。"[①] "所以说做教育不能急，好比广东的老火靓汤，需要时间慢慢熬制。"林间开老师莞尔笑道。在执信中学，类似林老师这样的教师比比皆是，他们对教书育人的解读让人豁然开朗。他们认为，教书侧重于明理教育，育人侧重于养成教育。他们恪守着"尚严善导，以身立教，殚精求知，笃志力行"的工作准则；他们春风化雨，是知识的传播者，也是精神的引导者；他们循循善诱，怀揣教育情怀；他们德高望重，有教无类。

第九节　饱含温情　因材施教

叶世雄在从副校长走上正校长岗位时，就提出一项让人料想不到的措施：对全校 35 岁以下的教职工进行业务考核。他要求教师每人写一份教案，上一堂课，写一份课后总结；组织校内外的教师观摩和讲评。这不是一种形式，而是要扎扎实实地提升教育教学质量，提高教师的职业素养和责任感，培养一支优秀的教师队伍。每一个程序，都需要打分，以作为评先、奖优、晋职的依据。对其他员工包括打字员在内，也以不同的方式进行考核。这一措施，激起了青年教职员工的热情。他们纷纷开始钻研业务，拿出过硬功夫。一段时间下来，他们的教育教学质量上了一个新的台阶，全市评定职称最多的就是执信中学。

学校独特的教育理念大大激发了教师们的创新意识。刘国湛老师在执信中学执教三十多年，其中有二十多年之久是在班主任的岗位上度过的。他反对孵小鸡式的教学方式，在严格抓教学之余，还会走近学生，与学生打成一片，与学生建立了朋友式的师生关系。在任年级组长的期间，虽然教学任务繁重，但他还是坚持走进每一个学生家中做家访，通过了解每个学生的家庭背景，制定因材施教、因性施教的方案。他教出

---

① ［苏联］苏霍姆林斯基：《给教师的建议》，周蕖、王义高、刘启娴等译，3 页，武汉，长江文艺出版社，2014。

来的人才比比皆是。

刘国湛老师的生物课多姿多彩。他会带领学生到不同的地方考察、学习和采集标本，足迹遍及台山、上下川岛、鼎湖山、南昆山等地方。在刘老师的带领下，学生走出校园，走进大自然，与农场的农民、海边的渔民、科研所的科学家零距离接触，与他们一起工作、研究，将教学和实践紧密融合在一起，使枯燥的理论知识变得生动起来，大大提高了学生学习的积极性。此外，还会引导学生将自己在大自然中得到的宝贵财富制成标本，永久保存。现在，学校标本室中的不少标本都是学生们的亲手力作。

教师富有责任感的教育教学模式，最终体现在学生们身上。他们是如何看待这种教育方式的呢？执信中学学生刘亦洋曾写道：

执信中学的老师不但关注学生的学业，而且关心学生的生活。慈爱如父母，亲近似知交。那些难忘的记忆，都让我深深地感受到执信中学的老师是充满温情的。

进高中的第一节课，班主任嫒元老师就告诉我们："在执信中学读书，不仅要学会知识，而且要学会做人，要培养对整个社会的责任感。"在她的生物课上，不经意间说出的一两句话，都让我们感受到嫒元是一个有情怀的人，她希望我们成为一个有情怀的人。或许从中山先生说出"愿诸生人人皆学执信先生之毅勇果敢以求学，及改造未来之社会"的那一刻开始，情怀与社会责任感就在执信中学扎下了根，在代代执信中学学子的心中扎下了根。

"哇，执信中学的暑假作业怎么都是读课外书啊！"当外校的同学惊讶不已的时候，执信中学的学生对此早已习以为常。在应试教育的高压下，执信中学仍然坚守对学生综合素养的培养，以通识教育培养学生的独立思考能力，塑造完整人格。高一各科老师的阅读推荐活动、年级主任对学生组织的国学经典研读活动的大力支持等，充分体现着执信中学的核心素养教育。

在执信中学，你能体味温情，陶冶情怀。跟在这些有职业素养的老师身边，学生自然会调配属于自己的学习秘方。

第十节 格言修身 坚守初心

冰心先生说过："有了爱，便有了一切，有了爱，才有教育的先机。"师爱是学生养成良好品质的奠基石。学生的成长不只是阳光、雨露、面包和开水就能实现的，他们更需要一种与植物和其他动物所不同的东西——火热真诚的爱心。教师的爱心，既是激励学生成长、学习的催化剂，又是一颗种子，播撒、扎根在每个学生的心中。

既然教师的爱如此重要，那么需要如何培养爱呢？爱来自观察，来自感染，来自自省。在何勇校长的带领下，执信中学教师团队建设致力于让教师自己对爱、对幸福进行反思与理解，具体表现为从校长到教职工都有其人生目标与座右铭，时刻提醒他们在教学中不忘初心，用爱浇灌。悉数他们的座右铭，我们便能清晰地感受到他们对教师这个职业的执着与真诚。

有的教师写下的座右铭格局高远，如淡泊明志，宁静致远；眼界决定境界，思路决定出路；不缺位、不越位、会补位。

有的教师笔风清新：永远有一颗热忱的心，一对清澈的眼睛，一双勤劳的手，两条很忙的腿和一种自由、快乐的心情。

有的简洁低调：我爱每一片绿叶。

有的意气风发：作为一名共产党员，意味着你要肩负着更多的责任。这一点，说起来轻松，要做到却并不是一件很容易的事。我，一直在努力！

有的深得古人精髓：士不可不弘毅，任重而道远。天下事有难易乎？为之，则难者亦易矣；不为，则易者亦难矣。

有的思考教育的本质：教育不是灌输，而是点燃火焰。

为了使教师善于发现生活中的点滴美好，执信中学不定期举办"幸福小方法征集比赛""幸福箴言征集比赛"等教职工比赛，让教师从细节处发现幸福，发现爱。执信人深知，一个人只有具备感受生活、发现幸福的能力，才能把爱传给他人。

在"幸福小方法征集比赛"中，有几位教师的方法值得被关注。例如，有的教师的幸福小方法是从日常与学生的交流中，定格片刻的欢声笑语。他写道：

幸福方法之一：做回编辑——文字妙用。

我是语文备课组长，最幸福的事莫过于组织本组的老师按照我精心设计的方案，编出一本针对性比较强、美观大气的高三复习资料。我们给它设计出独特的格式、诱人的名字、草绿色的封面，如《天龙八部》《风雅颂》《家常菜》《再战江湖》《五月传奇》。我看一名学生的《风雅颂》笔记做得特别好，用各种颜色标记。我垂涎三尺："丫头，你高考完了，把你的《风雅颂》送给老师好不？"小丫头一脸痛苦状："老师，我真的想留着做个纪念。""为什么呀？""这是老师们用心编写的呀，这让我幸福得快晕过去了！"

还有的教师认为心静能让人感受到爱的存在，他写道：

每天睡前听着和缓的音乐，放空大脑，轻轻闭上眼睛，回忆这一天至少一件让自己感动的、觉得美好的小事，通过丰富的想象和回忆让当时的感觉停留在大脑中5分钟以上，就会感觉到自己幸福微笑的样子一定很有魅力，很吸引人；然后用笔记录下这一刻感受到的幸福，养成写幸福日记的习惯。坚持21天以上，就能养成感受幸福的习惯，逐渐形成积极的人格，提高幸福的感受力。

有的教师在母亲与教师的角色中转换，寻找同样的精彩与不同的感动：

作为母亲，记录孩子成长过程中的第一次，如第一次爬、站或跳，第一次开口笑，第一次生病，第一次喊"妈妈"，第一次自己吃饭，甚至第一次撒谎或第一次顶嘴等。时间过得飞快，孩子成长过程中出现的第一次稍纵即逝。有机会有心思可以把它写在成长记录笔记本中，若干年后和孩子一起回味这珍贵的时刻，会倍感安慰和幸福（也可记录在微博上，与他人共同分享，幸福感自然增加，但本人喜欢手写，看着自己手稿感觉亲切实在）。

作为老师，收集与学生一起参加集体活动的视频、图片，学生送的贺卡、信件，甚至是学生的作业（有给学生批改的文字对话等），时常翻看，可使心态年轻。

在"幸福箴言征集比赛"中，老师的名言或朴素秀丽，或铿锵有力，形式风格各异，但情感如一，都是对生活、对教学怀抱一颗有爱之心。

有老师写道，多一些奉献，少一些计较；多一些包容，少一些抱怨；幸福源于对美好生活的追求，归宿于对生活的满足与珍惜。

有老师沉静秀敏，认为幸福是一种生活态度，常怀一颗感恩之心、知足之心、谦逊之心，就能收获幸福。

还有的老师对幸福的定义进行了解读：幸福是什么？幸福是身体健康，幸福是家庭美满，幸福是工作愉快，幸福是知己满天下。

只要心中有爱，只要有发现幸福的眼睛，处处便有芳菲。爱是一个永恒的话题，老师只有善于发现爱，才能把爱传递给学生。在师生交流中，老师对学生的爱是一种把全部心灵和才智献给学生的真诚。这种爱是无私的，它要毫无保留地献给所有学生；这种爱是深沉的，它蕴涵在为所有学生所做的每一件事当中；这种爱是神圣的，它能凝成水乳交融的情谊。因此，老师对学生的影响是不言而喻的。执信中学从教师团队的建设出发，让每一位老师怀揣着爱，与学子携手，共创幸福的未来。

"鹤发银丝映日月，丹心热血沃新花。"用这句诗来形容执信中学的教师兢兢业业，是再合适不过了。执信中学的教师的辛勤不仅体现在备课上，而且体现在职业道德、理想信念、道德情操、知识功底、教学能力、教学态度、教学方法及爱生心切的小小举措上。执信中学的师资，教师的师德、师道无可挑剔。在这批高素质园丁的浇灌下，学生更是花开别样红。

第四章

特色课程　春雨润物

当今时代，国家与民族间的竞争靠的是人才，人才培养靠的是教育。培养一代人才除了家庭的鼎力配合外，还需要学校的努力。

杜威提出"学校即社会"的观点。他认为，学校有简化社会生活、纯化社会生活和平衡社会生活的功能。这就要求"学校的课程内容应当注意到从社会生活的最初不自觉的统一体中逐渐分化出来。……学校科目相互联系的真正中心，不是科学，不是文字，不是历史，不是地理，而是儿童本身的社会生活"①。他强调儿童现在的生活，要求重视儿童现在生活的内在价值，使儿童从目前的生活中得到乐趣，而不仅仅是将现在的生活视为为另一种生活做准备的工具和手段。

面对这些观点，教育工作者需要深刻反思：当下千人一面的教育对学生的成长有益吗？目前所经历的校园生活有趣吗？课堂上一味让学生记下的笔记真的有用吗？学生在实践中是否懂得合理应用呢？这样的课堂能否孕育真正的人才呢？经过三年的学习浸润，学生能够拥有丰厚的人文底蕴吗？能够拥有严谨的科学精神吗？抑或是学生具备自主发展的潜能吗？在目睹了那么多失败的教育案例后，教育工作者是否看到了现代学生对课程改革的需求呢？

现代的学生不同于以往。只有在更具有创造力和贴合实践的课程中，他们的思维才能如清泉般活跃流畅，最终才有可能形成"天下兴亡，匹夫有责"的责任意识。如此看来，课程改革就显得尤为重要了。

执信中学的教育是以课程为载体的。自2004年参加新课程改革以来，在落实国家高中新课程的过程中，学校把关注课程的现实生活意义作为课程改革实验的重要思想提出，并给予强调落实。对于课程设计，其一，以学生自主发展为核心，让学生学会学习，乐学善学；其二，以提升学生各种能力为教学目标，引导学生勤于思考。除了开足开齐国家课程外，学校根据本校实际及学生发展需要，开发了一批学校课程，以满足学生差异发展、特长发展和个性发展的需要。

执信中学独具特色的课程设计，在满足了学生发展需求的同时培育了学生的核心素养，更赋予了学生终身学习的能力和不断发展的内在力量。

---

① 王承绪、赵祥麟：《西方现代教育论著选》，10页，北京，人民教育出版社，2001。

"少年雄于地球，则国雄于地球。"有效的教育必然要因材施教。好的课程设计可以引导学生在知识与认识方面进步，可以为学生日后走向社会拥有长足发展的能力做奠基，也可以为社会输送人格健全、能力卓越、品德高尚的优质人才做准备。

第一节　课程改革　以生为本

澳大利亚未来学家伊利亚德说过："今天如果你不生活在未来，那么你将生活在过去。"何勇校长十分认同这句话，因此，对于课程改革这件事他十分重视。执信中学的"自主·合作·探究"的生活化课堂以生为本，重视学生的参与度，提倡自由度、宽容度及适当的拓展度和练习度。教师在课堂教学中，营造民主平等的课堂氛围，既发挥学生的自主性，又重视师生之间、生生之间的合作与探究，使课堂焕发着生命的活力。比如，数学科开展课题"问题驱动的数学教学理论与实践探究"的研究，通过研究"以问题激发学生学习兴趣""以问题带动知识的学习""以问题引领学生探究"教学策略，找到生活中的真问题来开展教学，从而提高教师教学方法的有效性，改善学生数学学习习惯，提升学生学习能力；生物科开展"初中生物自主、合作、探究学习方式的策略研究""变革学习方式下中学生物微格教学模式与评价研究"等课题研究，同时开展"发展性课堂教学评价"研究，旨在打造充满生命活力、教无定法、灵活多变的课堂教学，促进师生共同成长。

"自主·合作·探究"的生活化课堂，有教师的循循善诱和关爱引领，有学生的独立思考、勇于探索和积极投入。他们共同乘着精神和想象的翅膀，打造充满生活气息和生命活力的课堂教学生活。

在落实国家高中新课程的过程中，学校把关注课程的现实生活意义作为课程改革实验的重要思想提出，并给予强调落实。除了开足开齐国家课程外，学校根据本校实际及学生发展需要，开发了一批学校课程，以满足学生差异发展、特长发展和个性发展的需要。

学校课程开发不再分门别类，而是按照国家课程的八大领域及学校的办学理念、培养目标，以学校传统文化为基本原则，根据学生发展的多样性需求，在充分研究当代社会发展态势和学生多元发展的基础上，合理规划课程结构，提供学生自主选择的多样化课程。学校建立"课程超市"，接受"市场"调节。"超市"里的课程具体包括学校文化课程、学科拓展课程、综合实践课程、研究性学习课程、第二外语课程、引进国际课程及荣誉课程等共 80 多门。

这些课程的学习方式是多样和开放的，授课教师有本校教师、大学教授、医生、科研人员、企业家，还有家长等，部分研究性学习课程由与学校合作的高等院校、医院、科学院、研究所等单位提供支持。比如，综合实践课程中的领导力课程的学习，以项目学习的方式实施，兼具研究性学习、社区服务、社会实践的特点和功能。其宗旨不在于传授传统的知识，而在于培养学生对公众事务、社会事业有所作为的使命意识，以及实现使命的组织管理能力。

第二节　科技教改　源自情怀

目前很多高中教育还是千校一面，缺乏特色，陷入了应试教育的泥沼。这样的教育模式扼杀了学生的创造性思维。基于此，执信中学对高中科技教育改革有了新的思考和探究。在何勇校长的引领下，在科研处许文学主任的感召下，备战高考的同时，教师们将为学生打开一扇创造力的小窗，竭力为学生营造一种完全不同的体验视为自己的使命。在本着重视教育初心的状态下，他们撸起了袖子，集思广益，走出去，请进来，坚持学习，不断思考和研发，终于设计出了一套适合未来人才发展的科技教育课程。

对于课程改革和设计，许文学主任给出了详细的解析。执信中学所有的科技课程设计基本基于三大考量。第一是适应未来教育的重大挑战，而且这个重大挑战已经摆在我们面前。科技的发展推动了整个社会的变革。未来，我国必将从制造大国走向智造大国。换言之，为增强国家的核心竞争力，高中阶段的教育改革必须从现在做起，为培养具有创新意识、创新能力的建设者和国家高尖端人才尽早做准备。第二是顺应国内外的教育改革形势。世界各国纷纷提出了教育改革，如美国提出了2061计划，重在改革基础教育；法国颁布了初中教育改革执行法令；还有很多发达国家都在极力发展学生核心素养方面做出了不同的尝试。面临这样的形势，我们必须要以中国的情怀、世界的眼光对高中科技教育课程进行改革。实际上，对于课程改革，我国也出台了相关的政策文件。《国家中长期教育改革和发展规划纲要（2010—2020年）》明确指出：高中阶段教育要探索、发现创新人才培养的新途径，创新人才的培养体制和办学体制，改革教学内容方法、手段，以及着力提高学生的学习能力、实践能力、创新能力。第三是为满足学校教育实践的迫切需求。有心理学专家做过一个有关"人的创造力随着年龄增长而改变"的实验。经过长时间的研究，他们发现，从小学到初中，学生们的创造力随着年龄的增长而增长；但是到了高中阶段，随着年龄的增长，学生们的创造力反而下降了。究其原因，高中为了奔向一个理想的大学，应试教育桎梏了学生的创造力。本来，从心理学的角度来说，随着学生的基础知识越来越扎实，认识世界的角度越来越多维，他们的创新意识和创新能力应该是越来越高的，但实际上却是与此相悖的，不但没有提升反而下降了。现状让我们发现了需求，实践改革的需求。尽管是需求，我们也还是小心翼翼的，毕竟我们所从事的事业是育人事业，学生们又是国家未来发展的栋梁。在投身课程改革中，我们始终抱着对教育的那份情怀，也出于作为一所优质高中的教师的职业担当，我们带着魄力、带着勇气走上了改革之路。

经历过从纸上谈兵到实践操作的课程改革过程，我们深感课程改革之路实在不容易。我们团队经过多次研讨、打磨，最终制定了课程目标、课程内容、课程实施和课程评价。

课程目标

聚集课程开发，必须确定目标，即通过科技课程培养什么样的人。中国学生发展核心素养中的一个维度是实践创新。借鉴于此，我们把创新素养的培育定位为课程目标，其中包括创新品格、创新意识、创新能力。这个目标符合目前中国学生发展的核心素养要求，符合学生未来的发展需求。

课程内容

所有的课程内容研发都聚焦在创新品格、创新意识、创新能力这三个点上，如创造力开发课程、创新课题研究、大家的创新哲学、创新学习竞赛、创新大视野及注重产品研发的创客实验营。

课程实施

相对课程实施来看，课程目标和课程内容的设计难度都不大。最难的是课程实施，这才是最为关键的。执信中学由此打造了一个"五位一体"的课程实施机制，即师资、课程、实验室、社团、比赛。学校于2012年9月专门成立科研处来具体负责课程实施。万事开头难，在课程改革过程中，如果教师的观念和水平跟不上，课程研发得再好也无法推进。为此，学校尤其注重教师自身的提升，加大了教师的培训量，同时还外出整合有利于开展课程实施的资源。经过多方协同共建，广州市已有很多高校和科研所加入了执信中学的课程实施团队。学校还聘请校外教授来做学生的导师，实行双导师制。导师会亲自带学生进行相关的课题研究。研究的过程不仅培养了学生的科学精神，还开发了学生自主发展的潜能。单一的教育满足不了学生的成长需求，学校在关注科技教育之外，还积极为学生开设心理学和教育学的课程。许文学主任说："好的教育都是滞后的，执信中学的科技教育课程也具备该功能。"

课程评价

执信中学开启课程评价体系，主要还是为学生未来的发展负责的。在设计评价体系的过程中，学校以注重综合性评价、过程性评价、表现性评价、成长记录档案袋为主，同时引入了外部评价，即第三方评价，旨在继续深化和优化科技教育的课程改革。

许文学主任说：

执信中学的课程改革能够深入、快速推进，得益于执信中学教师的素养非同一般。教师只有拥有了更广的眼界、学识、视野，才会有意识地参与到课程改革中，对自己所教学科进行课程改革。

这种课程改革的实践还会帮助学校形成一种浓厚的文化学习氛围，课程实践的成果反向会凝练执信中学的创新文化。这样的创新文化又再次去力促教师提升专业素质，更新固有的知识体系，实施新的举措。

一所学校，当教师专业素质提高了，教师的教育理念也会悄然发生变化。如此，渴望进步的内心意愿也会增强。时间久了，教师必然会形成改革的勇气和主动学习的意识。比如，我自己原本就是一名化学老师，并不是做课程研究的，由于工作需要，由最初的不懂到摸索再到今天的熟能生巧，这其中还真是要感恩学校的安排和校领导的信任。

第三节　元培计划　人文浸润

走进红墙绿瓦的执信中学，一进校门往左拐走 100 多米，可以看到一汪碧绿的荷塘。荷塘的旁边有一条古典长廊，廊墙上雕刻着数位校董的头像，其中有被称赞为"学界泰斗，人世楷模"的蔡元培。蔡元培目光注视的前方，是一幢 7 层高的教学楼，此楼被命名为"元培楼"。

执信中学于 2011 年创新性地开设了"元培计划"特色课程，2013 年创办"元培班"。该课程基于学校的优良传统和深厚文化，与高校及科研院多方协作，由各方专家引领，带领其团队指导师生开展课题研究，培养创新拔尖人才。700 多名学生共参与了 100 多个课题研究，获奖无数。

一、解密元培　融贯人文

"元培计划"特色课程取名源自创校校董蔡元培先生，确立了"固本培元，创造知识""融贯人文，科学见长""培育创新，研究学术"三大理念。

首先，"固本培元，创造知识"。"本"系基础、基本，"元"乃第一、首位。蔡元培先生是执信中学创校校董，数次到学校讲学激励学生。"固本培元"基本理念效法蔡元培先生的教育警示。"固本"突出知识探究是创新人才培养的根基，"培元"发扬蔡元培先生的创新教育思想。在此基础上，学生的创新能力有了很大提高。

其次，"融贯人文，科学见长"。执信中学有着深厚的人文底蕴和历史传统，坚持人文素养与科学素养并重。

最后，"培育创新，研究学术"。科学创新是在学术研究中实现的。创新不仅意味着提出新观点，而且意味着要通过缜密的研究和论证使新观点得到学术界的接受。为此，执信中学必须培养以研究能力为核心的学术素养。

执信中学致力于成为学术性高中，培养学生的学术素养，将元培班作为突破口和着力点。

《中国学生发展核心素养》提出"增强社会责任感，提升创新精神和实践能力，促进个人价值实现"。其中，"实践创新"是学生发展的六大核心素养之一。早在几千年前，古希腊学者普罗塔戈就说："头脑不是一个要被填满的容器，而是一束需要被点燃的火把。"创新教育就是要点燃学生思维的火花，使学生不懈地去发现、去研究、去探索。那么如何对学生实施创新教育呢？

核心素养主要是学生在日常活动、问题解决、迎接挑战等方面形成的实践能力、创新意识和行为表现，具体包括：培养创新思维，涵养创新人格，加强创新实践，提高创新能力等目标。其中，发现问题是创新人才培养的起点，知识探究是创新人才培养的基础，实践活动是创新人才培养的主要途径，能力建设是创新人才培养的核心，人格养成是创新人才培养的根本。

元培课程体系涵盖广泛，内容丰富，采用集群式课程结构，以创新素养的养成为课程设计的中心指向，逐层向外扩散课程知识的内容范围，不断增强知识呈现形式的灵活性，形成了由显性层面的"元培特色课程""元培拓展课程"和隐性层面的"学科课程中的创新因子""校园文化中的创新因子"组合而成的同心圆式课程结构框架（见图 4.1）。

执信中学"元培计划"课程框架

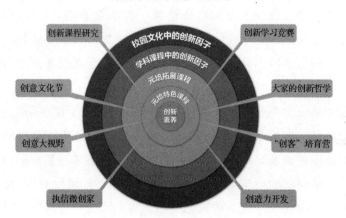

图 4.1 元培课程架构图

2016 年广州全省文理科前 100 名中有不少来自特色课程班的学生，其中 12 人是广州市执信中学元培班的学生。作为培养拔尖人才的创新班，既要兼顾高考，又要做课题研究，实属不易。作为第一批特色课程的学生，元培班的学生在入学的时候分数并不低，但由于是以培养创新人才为目标的，学生在高一、高二的主要精力并不是瞄准高考。执信中学元培班在高一、高二每周会各减少一节史、地、政、生、物、化，学生在这些时间做各种课题研究。由于元培班的学生到了高三才真正开始备战高考，校长何勇还是为他们捏了一把汗。幸好，平时元培班的学生参加的艺术活动、体育活动、科技创新竞赛、课题研究和数学建模比赛等都对他们学习能力的提升有很大帮助。到了高三，他们能将专注力放在学习上，且后劲很足。"一个优秀的孩子应该是全面发展的。孩子的学习能力强了以后会更大地提升学习效率，把他们学习的潜能更好地发挥出来。学习时间长并不一定是最好的，效率及学习力才是最重要的。"

何勇校长如此认为。

"我们在高一高二就启动'元培计划'，要和高校的教授、研究生及本科生一起研究课题，又要参加各类竞赛，正常上课的时间比普通班学生少。"高考考了 686 分的马思行说。他研究的是多孔材料力学性能的课程，要花去很多学习时间。研究虽然对学科成绩并没有直接的影响，但培养了自己严谨细致的态度和科研精神。高考考了 677 分的冯衍霖说，元培班里大多是"学霸"，成绩本来都很优秀，学习气氛非常好，大家经常互相讨论问题，特别是能跟中山大学的教授一起做课题是非常棒的体验(见图 4.2)。

首届元培班学生龙圆正在暨南大学实验室完成了课题研究项目"一种大分子液晶的合成及其复合膜的生物效应研究"，从此对材料工程科学产生了浓厚的兴趣，目前就读于清华大学材料科学与工程学院。回想"元培计划"给自己的影响，他谈道："我参加了'元培计划'，在大学教授、研究生的指导下开展系列理论学习、实践研究，这对我尽早发现自己的专业兴趣帮助很大。同时，在与团队教师的思维碰撞下，我发现了科学研究的学术严谨性非常重要。"

图 4.2 元培课题学生与导师合影

读书万卷，也需跟智者同行。元培班的学生在高中阶段就开始跟大学教师接触。提早接触对他们的学习及思维方式都有极大的帮助，使他们的履历比其他学生丰富，上大学后会适应得更快。何勇校长表示，首届元培班的表现启发了他们对下一届高一元培班学生的课程设计，除了更加细致外，对学生德育方面也应有不同的要求，如让他们参加拓展活动和生存训练，促进身心健康发展。

二、元培特色　旨在创新

"元培特色课程"是"元培计划"的主体部分，主要面向元培班开设，包括以下几个模块：创新课题研究、大家的创新哲学、创造力开发、创新学习竞赛、执信微创家、创意文化节和"创客"培育营。

创新课题研究是元培班学生创新发展的主要路径。本模块借鉴"基于问题的学习"的方式，通过与高校、科研院所合作，采用"导师＋研究生＋本科生＋高中生"的小组模式开展课题研究。学生作为课题组的其中一员，在导师的指导下，在课题组中承担分项任务或子课题研究任务。通过课题研究，学生了解该领域的前沿进展，得到课题组在科研和实践技能方面的指导（包括文献检索、实验设计、论文撰写、结果分析与评价等），并利用高校的实验室、图书馆、网络等资源与其他组员合作完成了研究任务，取得了研究成果。

培养、发展创新精神，需要一个民主的、生动的学习环境。教师在元培班的教学中，既要鼓励学生独立思考，又要鼓励学生勇于发表不同意见；在解决问题时，要提倡一问多答、一题多解，对一个问题的解决可用多种方案，引导学生提出新见解、新方法、新方案，以此培养他们的创新精神。此外，教师在培养学生的创新精神的同时还要关注培养他们的自主意识及合作精神。一方面，没有自主意识，个人的创造就无从谈起；另一方面，现代大多数创造性设想的实现都得依靠集体合作。培养学生的自主意识同样也需要一个比较民主的学习和生活氛围，特别是平等的师生关系。培养学生的合作精神，需要让学生在学习中学会合作。在课堂上遇到较难的问题，往往由一个小组中的几名同学共同协商解决；遇到较简单的问题，同学之间会有不同的解题思路，从而达到合作学习、相互学习的目的。

为了给元培班学生提供更多的科学实践，执信中学努力寻求与高校和企业合作的机会，合作方包括中山大学工学院、化学与环境学院、地球科学学院，肿瘤医院，中山大学附属第一医院，广州地铁总公司，暨南大学理工学院材料科学与工程系，广东省科技图书馆等。在教学科研实践中，学生可以享用各高校先进的实验室资源、丰富的图书资源，还能得到导师、研究生、本科生的学术指导。更为宝贵的是，在科研实践中，学生可以培养实事求是、严谨认真、团结合作的学术素养。

元培班学生的研究课题涉猎的范围比较广泛，同时也有一定的深度。学生研究的课题有的跟生活息息相关，如"自主寻道车模设计研究""规划 BRT 时空可达性评估研究""公交车行程时间预测"；有的跟现代医学密切关联，如"鼻咽癌干细胞靶向治疗"；有的很有趣味性，如"数字化风水学研究"；有的很有科学性，如"仿生肽类骨修复材料研究""风力发电的原理和噪声""单摆的非线性振荡特性研究"等。其中，首期元培班的几名学生对 BRT 的研究颇为投入。

广州大桥横贯羊城南北，许多上班族早出晚归穿梭其间。执信中学"元培计划"高一学生龙圆正和黄泽森发现了一个问题：广州大道上近百条公交线路中仅有 30 条左右经过广州大桥，且绝大多数公交车只停靠在南方报社站，途经广州大桥的市民们被迫要在南方报社站换乘。短短几公里，经常要堵车一小时。

"广州大道客流量之大，如何解决上下班高峰的拥堵现状，是否可以引入 BRT 线路，又该如何规划设计？"一年来，龙圆正和黄泽森在中山大学工学院交通中心讲师胡继华及几名研究生的带领下，就这个问题进行了将近一年的实地调研。常做的就是蹲点调查，寻找热点车站。

他们除了要记录车道数、支路口、红绿灯交叉口、公交车站数、公交线路等信息外，还需要尝试画出路况图。两人经过调查，得到一组数据：途经广州大道的 40 条公交线路在高峰小时的乘客出行量高达

28207 人次，平均下来每个站点的高峰小时出行量达 40 人次；单是广州大道沿线站点的高峰小时乘客出行量就达 3560 人次，占总乘客出行量的 13%，"可见高峰小时内经过广州大道的公交乘客量巨大，只有在路权上给予公交优先出行的权利，才能在最大限度上满足更多乘客的出行需求"。经过近一年的努力，在大量实地调研的基础之上，结合原有的路线分析，他们运用 TransCAD 交通规划软件，设计出了从大石桥南到沙河横马路的快速公交走廊的具体规划方案。经过长时间的观察，这两名高中生认为，广州大道的站点密度不够，现有公交车线路还不足以满足市民出行的需求。他们认为需在广州大道新建一条快速公交走廊，以使庞大的公交出行量可以在最短时间内完成各自的出行目的，满足公交出行人群的需求；同时公交出行环境得以改善，也有助于公交系统吸引更多的出行者，进而减少路面的车辆交通量，缓解广州大道的交通拥挤状况。

两名高中生的设想得到了他们的导师、中山大学工学院胡继华老师的认可："虽然还只是处于模拟道路交通的规划设想阶段，但可以看出学生的努力和用心。让学生参与调研等基础性工作，主要还是希望他们可以感受科学的调研方法，更重要的是要培养学生的兴趣和创新能力。"

对于跟着大学导师做研究是否会影响学习，龙圆正表示："以前一般只是学习书本上的知识，而现在有机会接触到实际，感觉更到位了，实践和学习能够互相促进，不担心升学受影响。"

元培班给学生带来的帮助是有目共睹的。对于身在其中的学生来说，是否除了最终取得的实践成果外，还有其他更具体的收获呢？首届"元培计划"学生吴宗轩在 2014 年执信中学开放日上的发言便是这个问题最好的解答。

发言具体内容如下：

众所周知，执信中学是一所拥有百年历史的名校，校园内可谓人才济济。"元培计划"从开始到现在已有数月之久。下面我想谈的便是在这春花秋月的时光中，我所收获到的美好与珍贵。2013 年 10 月，我偶然

91

接到了作为"元培计划"一员开会的通知。当时集中在会场的是全年级中30名顶尖的理科生，几乎所有人都有一种说不出的喜悦感。为何？我想，那是一种自身才能得到充分展示的满足感和自豪感。

但是，真正实践下来，我们发现"元培计划"的课题研究对我们无异于是巨大的挑战。从开始的斗志昂扬，到不被重视的无奈，再到合力攻克难关，不以为然的年少轻狂和莽撞在心中一点点地褪去。所有人都拼搏着、奋斗着，只为证明自己的价值。

我选择的课题是自主寻道车模设计。这个实验需要我们通过视频传感、电磁感应等方式设计出一辆可以自主寻找道路的模型车。具体怎么做呢？首先，我们必须一次次地重复确认并安装舵机的位置，才会有勉强能够跑起来的所谓"车模"。为何是所谓？这样只有动力的车模，当然只会一股脑往前跑，不撞南墙不回头。若要让它学会拐弯，就必须加上收集数据的摄像头、处理数据的CPU（我们简称单片机），再编写一大套算法让它知道什么时候跑到外面去了，什么时候在跑道中间。处理完了，总算会拐弯了吧，还不行。如果速度太快，拐弯时它会由于惯性飞出去；有时运气又不好，有人在旁边，是会出事故的。

安了改，改了安，这样的实验是枯燥的，但是于枯燥之中我们悟到了只有切身体会才会懂的道理。记得去中山大学做实验时，我们经常看见巨大空旷的场地四周随意摆着几辆插满芯片和传感器的半成品车，中间始终摆着九曲八折、白底黑边的跑道。偶尔会有两三个人围在一台正在跑道上测试性能的模型车旁，通过一根从车模连接至电脑的数据线在电脑上分析数据。看着中山大学的师兄师姐们有条不紊地处理着令人眼花缭乱的字母和符号，我们不由得默默感慨高中与大学的巨大差距：人生的学习之路还很长。

执信中学历来注重对学生的素质培养，这点于"元培计划"上可见一斑。依稀记得上学期期末时老师的话："你不一定要成功，但是，要学会去享受这之中的过程。"诚然，科研必然伴随着重复、枯燥和失败。对于许多大学知识，我们不可能做到了然于胸。然而这之中我们收获的，

图 4.3 元培班学生调试智能跟随小车

并不是耐人寻味的公式，也不是先进的计算方法，而是跟同伴一起成功时的微笑或失败时的乐观。更重要的是，我们在调试智能跟随小车(见图 4.3)的实验中，不仅成功了解到了一些自主学习的方式和途径，也提高了科研生活所必备的动手实践能力和创新能力。这些恰恰是今后学习工作中不能缺少的，也是应对当今社会竞争最突出的优势之一。可以说在进入执信中学之前，我未曾听过国内的中学生与大学生交流学习的合作项目。我认为，在当代中国，"元培计划"是一项独树一帜的创新性突破。

第四节 跨科整合 多元融合

在执信中学的课程改革中，教师积极进行跨学科领域的课程整合的探索，如开发地理校本课程，培养学生人文素养；整合美术教学和环境教育；历史教学结合漫画创作、专刊制作，并融入纪念长征、考察民俗节日等专题；物理教学进行物理发展史教育，让学生体会杰出物理学家的个人魅力和科学精神，在学生中开展"最想得到的电器产品"的创想活动，使学生的创造能力得到发展。

在执信中学的一次历史科目的期中考试中，里面的一道试题被《广州日报》一名记者刊登在报上，并且引来各方赞誉。新闻报道原文如下：

中学生"漫画"历史

1927 年到 1949 年，中国共产党的土地政策有过三次大的修改，请选择其中一次土地政策的作用，画一幅漫画。

这是广州市执信中学一道高一年级历史科目的期中考试题，这道题让考场上诞生了 60 幅优秀的历史漫画。

增强学生学史兴趣

"很出色，学生们好的创意让人惊喜。"罗燕媚老师介绍，"民主革命时期，中国共产党有三次土地改革政策，学生的理解不是很到位，但在高考中出现得多。为了促进学生有兴趣学，能真正理解历史知识，不至于死记硬背，就出了这么一道开放式的考试题。"

展出 60 幅优秀作品

"高一年级 900 多名学生，60％的学生选择了画漫画。"执信中学罗老师说，"很多学生的漫画作品不错，选出来的优秀作品有 60 多幅。"

高一（1）班的张迪新是这样画的：田野上空，有一朵雨云（象征"抗战时期土地政策"），雨（象征"减租减息，交租交息"）落到田野上，肥沃的土地上写着几个大字：农民的抗日积极性。土地上谷物丰茂。这幅漫画的标题是"看那土改后一片希望的田野"。

高一（1）班的刘欣巩画的是第三次土地政策：篱笆上交叉横着一把斧头，一把铁锹。斧头上写着"终结封建制度"，铁锹上写着"耕者有其田"，斧头和铁锹将"地主"两个大字劈得支离破碎。一幅大对联：农民翻身得解放，神州大地齐生产。对联旁边是一棵沉甸甸的谷穗。

部分漫画是现代人思维

很多学生用一幅漫画来表达对中国共产党土地政策的理解。"评判中，有些学生画功不错，但是，理解得不准确。比如，一些学生画成农民分到田后，发家致富了，吃大鱼大肉，穿得很漂亮，家有彩电冰箱。"罗老师说，大概有 10％的学生会这样。对于这些学生，教师会纠正他们的理解：那时候的农民分到小块田地后，大多是解决了吃饭问题，根本不可能吃大鱼大肉，衣着华丽。历史老师再指导他们重新构思，再画一幅漫画。

根据长征再画一幅漫画

"这些天，我们给高一学生布置了历史课期末考试的一道题，纪念长征胜利 70 周年，可根据自己对长征的理解画一幅漫画，可以写诗歌、小论文，可以做手抄报。不少学生选择了画漫画。"罗老师说，"大部分学生都有美术基础，画漫画的好处就是给学生创新和发挥的空间，很形象，很幽默，能提高学生的历史思维能力。"

对于漫画形式的考试，罗老师说："在问卷中，也存在不少问题和难题。比如，如何处理漫画得分与历史思维得分比例，如何处理开放性试题与知识型试题的比重等，以后还需要进一步探索。"

广博的知识融入日常教学，既拓宽了学生的知识面，又激发了他们对生活的想象。课堂之外，在对待学生私人情感上，执信中学的教师也是别出心裁。

执信中学带给学生的是师生互爱的友好氛围，是令人沉醉的人文气息，是不断创新的科学精神，是自我发展的卓越能力。雅斯贝尔斯说："教育是人的灵魂的教育，而非理智知识和认识的堆积。"执信中学的这些课程无不触及学生的灵魂，学生的肺腑之言着实让我们看到了特色课程的独特效能。因为参与，所以成长，这样的成长难以忘怀；因为体验，所以感悟，这些感悟将会伴随他们一生。至此，我们也就不难理解执信中学的魅力所在，不难理解为什么会有众多学子在离开母校多年后依旧念念不忘。

第五节　个性培育　成长奠基

除了"元培计划"这个特色课程外，执信中学还拥有大部分学校无法媲美的丰富的选修课程。这将为学生提供多种可能。

台湾作家林清玄写过一段文字：香水，95％都是水，只有5％不同，那是各家的秘方。人也是这样，95％的东西基本相似，差别就是其中很关键的5％。香精要熬五年甚至十年才加到香水里面去。人也是一样，要经过成长锻炼，才有自己的味道，这种味道是独一无二的。

执信中学给予学生的那5％是丰富多彩的。必修课程关注学生基本的科学文化素质，追求知识与技能的基础性、全面性、系统性、完整性，为学生的个性发展奠定知识技能基础与情感态度基础。但是，必修课的数量与内容总是有限的，在知识的深度与广度上受到一定的限制，同时每名学生的发展和需求不相同；而选修课则可以弥补必修课的不足，一方面可以对必修课的内容进行拓展或深化，另一方面又可以发展学生的技能、特长。选修课扩展了学校课程的范围，使学校课程生机勃勃、充满活力，强化了学校课程与知识世界的动态联系。

可以说，没有"选择"的教育，不讲"个性"的教育，充其量不过是一种"训练"，而不是真正的教育。不同学生的发展是有差异的。由于环境、教育与个体主观努力程度不同，学生个体之间总是存在着差异。他们在知识经验、能力基础、兴趣爱好、性格特征等方面均不完全相同。丰富的课程活动能够培养兴趣爱好，发挥自身潜能，发展能力特长，同时也为学生未来的职业生涯发展提供更多的可能。

哈佛大学心理学家加德纳认为，人类智力多种多样，个体智力是多种能力的结合。发展心理学表明，随着年龄的增长，个体间的身心差异，如兴趣爱好、个性特长越来越明显，在初中阶段开始分层，到高中更加明显。执信中学为满足学生个性化发展需求，开设了60多门选修校本课程，如《创意多米诺》《传感器与创新物理》等与学科密切相关的拓展性课程，《中学生领导力开发》《学生公司》等与学生职业发展有关的特色课程，《中国玉文化》《宗教与中国文化》等修身养性课程，等等；此外，还有10多门"荣誉课程"，邀请校外导师给学生上课，如《财商教育》《做最好的自己》等。

下面将重点介绍执信中学最具有代表性的选修课程：领导课程、学生公司课程、头脑奥林匹克课程以及模拟联合国课程。

一、领导课程　摆正双观

执信中学还有这么一群人，他们关注的不是明星、游戏、手机，而是如何解决水浸街问题、如何解决打车难问题、如何解决亚运场馆闲置问题、如何开展三无老人救助活动、如何保护城市文化等一个个社会问题。他们不是政府官员，不是行业领域的专家学者，但他们致力于做具体而实在的事情，为自己生活的城市贡献一分力量。

他们虽然是高中生，但却是一群有着社会责任感的"90后"。他们心目中的关键词是"我们"，而不是"我"。他们行走在白云湖的绿道上，一点点地捡起地上的垃圾；他们独自做社会调查，上门与政府官员侃侃而谈；他们在车多人杂的火车站给司机送水；他们在北京路上派发调查问卷，却险些被保安抓去吃"年夜饭"；他们给市长写信，提出治理水浸街方案……他们的这些活动植根于学校的领导力课程。虽说是一门课程，但却需要学生用心去感受社会的温度，用脚去丈量梦想与现实的距离，用独到的眼光去判断未来的趋向。

何谓领导力？领导力是指影响和改变他人思维和行为以实现组织共同目标的能力。在领导力培养方面，中学学习阶段至关重要，因为领导力最本质、最基础的要素是一个人的世界观和价值观，而中学阶段正是人的世界观和价值观形成的最重要阶段。执信中学从 2011 年开始开设《中学生领导力开发》课程，通过开设系列课程、树立卓越榜样、提供领导机会、发展学生个性潜能等举措培养学生服务他人的价值追求、勇于创新和担当的精神气质、自信和坚韧的品格特征、善于沟通与合作的团队精神、兼具学术和特长的综合素养等，是学校培养学生领导力的核心策略。

《中学生领导力开发》课程班黄婷与江璐同学被授予"责任中国 2012 公益盛典"之"公益人物"奖（见图 4.4）。在《南方都市报》公益盛典颁奖礼上，她们的颁奖词如下："在被带领的年纪，他们带领自己。在被代表的时代，他们代表自己。他们不为秀而秀，不为诺而诺。他们以少年之身行，诠释社会之真义。美哉，广州少年！"

图 4.4 《中学生领导力开发》课题班黄婷与江璐被授予
"责任中国 2012 公益盛典"之"公益人物奖"

领导力课程已经开设了几年，尽管人数不多，但影响力深远。指导老师林少惠的案头上经常摆放着一摞摞学生交过来的作业。每一份作业里都有详细的开题和结题报告、实施过程、解决方案等，动辄几十页的论文凝聚着学生一年来的汗水和心血。

(一)服务他人 贡献社会

"我们都会老，安老工作真的很重要。"这句话出自一群 15 岁少年的口中，让人未免觉得有点"老气"。但清澈的目光和略带稚气的脸庞上却流露出自信的坚毅。早在 2011 年年底，这群少年就开始实施救助广州"三无老人"的计划，一行九人组成一个项目组，走街串巷慰问"三无老人"。

"该课程以项目学习的方式实施。所有项目都是真实的，每个项目力图解决一个学生们发现的问题，或学生们在成长过程中遇到的问题，解决问题的过程和结果也都是真实的。"指导老师林少惠称，在项目实施过程中，选课的学生和实际工作者一样议事、决策、实施和评估。学生通过完成项目学习，能够提高团队工作技能、沟通与决策技能、领导技能等。

课程项目着重培养的中学生领导技能是一种以对社会的正义感、责任感、使命感为价值取向，以学习力、决策力、组织力、沟通力、执行力、感召力等为核心能力要素，善于进行团队领导和自我领导的能力。指导老师林少惠说："我们开设这门课程，不是向学生传授、灌输领导力知识，而是让学生在完成项目任务的过程中，感受作为人的责任，增强潜在的对公众事务、社会事业有所贡献的使命感，以及实现使命的领导力。"

"安老问题已成为社会的大件事，政府准备好了吗？我们自己准备好了吗？"作为救助"三无老人"项目组的成员之一，黄显雅经常这样自问。黄显雅与其他小伙伴一起开展了"点亮灰暗，帮助'三无老人'"的活动，主要是募集现金、小功率的二手电器和二手衣物等，希望尽可能多地帮助老人。学生们在探访、帮助老人的同时，还会对老人的情况进行分析，最后撰写一份建议书给民政部门。

"探访对象年龄大、学历低，也说不清楚家的位置，我们用了很长时间来问路、寻找。我们扛着 10 千克重的米，背着装满物品的背囊，在上下九附近走了几小时。"黄显雅在接触这个项目之前，从来没有想象过地处广州闹市的上下九有如此贫困的家庭：老伴去世多年，70 多岁的何伯独自一人生活。与何伯相伴的是和老伴年轻时的合照，以及两人曾经用过的一副乒乓球拍。"相比之下，我们都有一个幸福的家，但'三无老人'无依无靠，寂寞孤独，只靠每月 530 元的低保金过日子，有的身患重病也没钱医治。"每次谈起探访"三无老人"的情境，黄显雅及伙伴们都心情沉重得想掉眼泪。

尽管双肩仍然稚嫩，还未真正迎接过暴风雨；尽管生活在安逸舒适的环境中，未曾体会过生活的艰辛无助，但通过救助"三无老人"这个项目，15 岁的少年们义无反顾地做出了一个超越学业的计划："三无老人"生活在灰暗中，但我们可以用微薄的力量点燃起星星之火，点亮他们的生活。他们呼吁社会热心人士参与捐助，让"三无老人"也能安享晚年。

（二）勇于创新　独立担当

当今社会瞬息万变，不确定因素越来越多。社会向前发展需要一批能够在继承传统的基础上顺应社会变化、引领社会发展的创新型领导人才。在实施领导力课程项目的同时，执信中学也着力培养学生勇于创新和担当的精神。众多项目的实施实际上是不断挑战学生的"舒适区"，发展学生独立、自主、自律的品质，让学生在超强体验中感知和超越自我极限，更清晰地了解和认识自我。

领导力课程不是坐在教室里啃几本书做几张卷子，也不是对着同伴发号施令，而是需要更多"走出去"的勇气和"死磕到底"的决心。苏泽椿，一名高个子女生，为了调查"广州市高峰期打车难问题"，与几名志同道合的同学奔跑在酷热的街头，一边体验打车难，一边为解决打车难问题寻求出路。他们选定了天河立交、广州火车站、五羊邨、广州大桥南四大交通拥堵点开展了一线调查，对市民发放问卷，做街头采访，并采访交通部门。让苏泽椿最难忘的是他们在广州火车站的出租车候车区里，趴在出租车的车窗边，探头向司机发问。司机一边回答一边开车，他们就追着出租车跑。"在两辆车中间跑，车子一发动，尾气、热气全都喷到脸上来了。"虽然调查环境艰难，但他们从发出的 500 份问卷中回收了 400 多份有效问卷，其中有 200 多份来自对出租车司机的调查。

学生们还亲身体验了打车难。他们曾三次打算到交通局反映打车难问题。"有两次下了课就直奔交通局，但是下午 4 点半，在执信中学门口打车，等了一个半小时，也等不来一辆出租车。"苏泽椿说，他们也曾尝试打车软件，一般 5 到 10 分钟就能打上车。

为了了解供需之间的关系，学生们一下课就跑到天河立交，实地计算的士的空车率。在川流不息的主干道上，他们一站就是一两个小时，全神贯注，认真记录。学生们虽然每次都弄得灰头土脸，但看着笔记本上详细的数据记录，如获至宝。

掌握事实情况，分析原因是课题项目的第一步。学生们归纳出高峰期打车难的三个原因：高峰期人流车流成倍增加，造成道路拥堵，车辆行驶缓慢，大大降低了出租车使用率；上下班高峰期打车需求量激增，短途出行的上班族容易占用长途出行乘客的出租车资源，导致打车难；司机交接班拒载及高峰期绕开市区，也增加了市中心乘客打车的难度。

找出了症结所在，项目组成员请教了中山大学的相关专家，为广州市高峰期打车难开出了"药方"。首先是设置市中区。这是组长欧泽丰认为最具创新性的提议，即把市中心设为市中区，将车分为受限车辆和非受限车辆，高峰时段对市中区受限车辆进行单双号限行，减少市中区不必要的车流。其次是设置交接班地点指示牌，在车窗前贴出来，让候车乘客对司机交接班方向一目了然，减少乘客对司机拒载的质疑，避免由争执导致的不必要的资源浪费。然后是提高高峰期计费标准。欧泽丰表示，交通拥堵时，出租车怠速时间比较长，成本与收费的比例是不合理的。因此若将高峰期的出租车候时费提高一定数额，一来可以弥补出租车司机在高峰期由于成本上升导致收入降低的损失；二来因出租车计价的提高可以减少高峰期市民对出租车的需求量(根据调查，高峰期打车乘客较多，其中大部分并不赶时间，完全可以搭乘地铁或公交)，从而使真正需要出租车的人可以打到车。最后是政府接纳并规范打车软件。

从一心只读圣贤书到深入社会发现问题并尝试解决问题，可以说这是领导力课程给予学生的一个成长契机，为学生打开了一扇了解社会的窗，也让学生尝试从不同维度去看待同一个事物。《广州市高峰期打车难问题及其解决方案探究》荣获第五届全国中学生领导力展示会特等奖。项目组成员王雨诗说，自己在这一年里，收获的不仅是一张奖状，而且是一种成长。在项目感悟中，王雨诗写道：

不得不说我的眼界开阔了很多，思想也越来越成熟了。最开始，每当别人问起为什么要选择"打车难"这个课题时，我首先肯定会不假思索地回答，这是我们的亲身经历。而现在，可能我还会说，广州市"打车难"问题不仅影响到了市民的出行，而且影响到了城市的经济发展。"打车难"也是一个长期存在的民生问题，需要我们深入地探讨。

就是在这样一步步的学习和思考中，我感觉自己看问题的眼光也上升了一个高度。以往总是考虑个人的利益而忽略了社会这个整体。现在，我终于明白什么叫以大局为重。曾经一度抱怨出租车涨价，抱怨政府的政策不合理，现在我们却自己提出来要在高峰期提高计费标准。曾经自己反感的事情现在变成自己希望实施的方案，说起来也很好玩，但它确实是领导力课程给我带来的改变。每个人都是一个梦想家，而那些真正能够脚踏实地去实现梦想的又有多少呢？挤出周末休息时间上街采访，被拒绝仍会微笑感谢；时刻关注新闻、报纸，不时上网收集资料，只为更加熟悉自己的项目；通宵赶方案，一字一句修改，只想让别人更加了解我们的想法；到火车站宣传项目，耐心讲解方案只求获得支持……或许我们并不比其他同学优秀多少，只是我们坚持了下来。

（三）自信坚韧　迎难而上

领导的过程也是带领团员克服困难、达成目标的过程。卓有成效的领导者要能够在复杂形势下和多方人员打交道，这需要自信和坚韧的品格。自信是走向成功的基础，坚韧是走出困境的必要素质。执信中学在学生领导力培养项目中意识到了这一点。

"落雨大，水浸街，阿哥担柴上街卖，阿嫂出街着花鞋……"这是一首家喻户晓的广州童谣。听着童谣长大的少年，在学校领导力课程上陷入了沉思：为什么水浸一直没有解决？领导力课程为他们提供了这样一个平台，让他们有机会找寻问题的答案，为他们深爱的城市解决内涝问题做出自己的一小分努力。于是，关注广州市发展的 12 名高一学生走到了一起。上课选题时，外面瓢泼大雨更勾起了他们对水浸的回忆，那些真实的场景就发生在他们身边。市民对水浸的抱怨，更坚定了他们要将"拯救威尼斯"进行到底的决心。

作为一个改进公共政策的项目，从确立之初，项目组的学生就感受到了项目的压力和艰难。项目组主席黄婷表示："从一开始我们的项目选题就不被同学看好。有无数的同学质疑我们，几届广州市政府都没解决的问题，怎么可能会因为你们一个领导力项目而解决呢？"在项目的进程中，项目组同学也曾经迫于各种压力，产生过退出或者放弃的念头。"不要说组员，最艰难的时候，作为主席的我都深感力不从心，很想多为我们爱的城市多做些工作，可是真的不知道还能从哪里下手。因为我们的力量太有限了。但这个时候，想起曾经和组员一起并肩作战的日子，想起我们最初的那份热爱，我都会不断地告诉自己，越是在遇到这种瓶颈的关键时刻，越是应该发挥项目组主席主心骨的作用，带领大家将我们的项目进行到底。"

暨南大学被戏称为"水上威尼斯"，也是广州市水浸最为严重的地点之一。它自然而然地成为项目组学生最先关注的地点。然而他们的调查之路并不顺利。他们找到暨南大学居委会采访，发现只能了解外围，难以达到中心区域；到地下停车场，保安又拒绝采访；跑到门岗，了解到水浸的严重程度；最后，在偌大的校园里绕了好几圈，多次问路后，到达了暨南大学防涝工程的核心工地——蓄水池。一整天下来，项目组学生虽然很辛苦，遇到了很多阻碍，但是进行了实地考察，收获了很多宝贵的资料。

发放问卷是学生们做调查的重要一环。2012年寒假的一天，临近过年了，项目组的李芷晴、吴思琪、汤俊杰、冯思源、蓝静一起来到北京路对广州市市民进行采访并发放调查问卷。当采访在磕磕碰碰中接近尾声的时候，不曾预料中的一幕出现了：在北京路维持秩序的保安阻止了他们的采访，催促他们迅速离开该地，否则就要请他们去"吃年夜饭"了。在小组成员的耐心解释下，保安最终理解了他们的活动，并给了他们很大的鼓励。这一次的采访活动不仅让项目组学生收获了成长与喜悦，而且让他们深刻感受到了水浸给市民生活带来的严重影响，更加体会到了项目选题的意义。

坚持做自己认为正确的事情，无须太理会旁人对自己的看法，这一信念也成为项目组学生不断前进的动力。在项目实施次年的"五一"劳动节，项目组的黄婷、司胜阳、邱恋雅坐了将近两小时的车来到广州市白云湖，到白云湖管理处借了一些扫把、垃圾桶和钳子，顶着烈日，用半天的时间在白云湖进行了一次义务捡垃圾活动。这次活动得到了很多路人的鼓励和赞扬。许多市民在学生们的感染下，也都自觉将垃圾丢到垃圾桶里。"其中有一个小细节让项目组的同学非常感动。"组长黄婷称，"在捡垃圾的过程中，我们看到有一个小女孩随手将吃完的雪糕筒扔在地上，项目组同学看到后，并没有说什么，只是默默地将垃圾捡起扔进垃圾桶。小女孩的母亲目睹了这一情境后，走上去对小女孩耐心地教育了一番。我想，这也正是领导力的魅力所在。领导力也是一种影响力，我们的一举一动也潜移默化地影响着身边的人们，让大家都知道，'拯救威尼斯'并不只是政府的事情，市民也有不可推卸的责任。从身边的小事做起，保护好排水设施就是我们必须做到的。"

除了深入基层外，学生还需要与政府部门沟通，传达民众的呼声。回忆起第一次与政府部门打交道时的情境，学生们表示除了忐忑，更多的是感动。刚开始要将项目组同学的声音传递给有关部门并不十分顺利。外联组的蓝静在微博私信广州市水务局，表达了项目组同学想采访有关负责人的意愿。"可能是因为当时报告的数据比较零散，起初在微博上我们并未得到水务局有关部门的回应，于是我又重新联系广州市水务局，向他们介绍了我们的项目和工作进展情况。没想到，过了几天我们就收到了广州市水务局的回复，还与他们约定好了访谈时间。"

在短短一小时的访谈会上，学生们沉着冷静，向水务局询问一个又一个问题，从官方那里获得了珍贵的第一手资料。随着后期继续走访调查，一份"'拯救威尼斯'——广州市城市内涝的研究及解决方案的项目报告"出炉了。学生们还给时任广州市市长陈建华写信。陈建华收到了学生们关于城市内涝治理的建议后，请水务局引起重视，与学生们沟通交流。政府部门第一次到学校倾听学生们的意见，学生们受到了极大鼓舞。项目组主席黄婷表达了对未来的希望："我们做了这么多，就是希望通过我们的研究进一步唤醒民众的环保意识，提高环保能力。作为中学生，我们在关注广州市的现在的同时，更关注广州市未来的发展，希望为广州市更好的明天做些什么。"

二、学生公司　体验成长

那些被课本、考试、分数、排名埋没的时光，多年后如同飞鸟划过天际，转眼了无痕迹。趁着热情烧得正旺时加碳添柴，让青春不留白，是每一名青年骨子里的梦想。执信中学高中部的学子们通过《学生公司》选修课，将同窗变为创业"战友"，痛痛快快地过了一把"总裁瘾"。让现实照进梦想，竟是一件如此热血的事。

如果问你人生中的第一桶金是什么时候赚的，相信不少学生都会面面相觑。不可能吧，大家都还是消费者，哪有能力赚钱？但在执信中学，十六七岁的学生做首席执行官，使赚取人生的第一桶金成为可能。这是源于学校与青年成就(Junior Achievement)组织共同开设的选修课程——《学生公司》。选课学生从第一节课开始就自由组建公司，自主研发产品，并组织生产和销售工作。

青年成就组织是全世界最大、发展最快的非营利教育组织之一。它成立于1919年，总部设在美国科罗拉多州。目前，青年成就组织与全世界100多个国家合作进行经济和商业教育，每年有700多万青少年接受青年成就组织课程。

"首先，学生有兴趣。其次，这是将社会资源引入学校，让学生接触新知识和新经验的良机。然后，这也是我们最看重的，它可以帮助对经济、管理方面感兴趣的学生体验职业，做好规划。最后，学校会邀请一些商业公司的高层来当志愿者，给学生一些商业实战的指导。授课的模式所体现的奉献精神本身就具有很强的教育性和感染力，对于青少年学生来说，也传递出盈利不是唯一目的、回报社会至关重要的理念。"执信中学政治科组长洪少帆老师说，她与高一高二的一些学生一起"经营"学生公司多年，每一届学生都留给她不少惊喜。进入学校给学生开讲的职场人士有来自宝洁、高露洁、汇丰银行等企业的高管。

（一）知己知彼　顾全大局

霸气的公司画轴、执信中学纪念品专卖店的钥匙扣、JOKER 公司的荷花水晶球、SupSing 公司的木质明信片、复刻时光公司的卡片……学生公司的产品创意十足。设计、生产、销售都倾注了学生的心血。其中有失败的教训，也有成功的喜悦。开办学生公司是学生认识自我潜能、磨炼韧性的一次有效尝试。

曹斯慧，执信中学 2012 届毕业生。高二时，年仅 17 岁的她与青年成就组织学生公司结缘了。她和几名同学一起组建了 SupSing 公司，并担任生产部门总监，成功设计、生产并销售执信中学 90 周年纪念品木质明信片，盈利过万元。高中毕业后，她选择留学，就读于美国维克森林大学，主修商科。

第一次在青年成就组织学生公司的课堂上，50 多人挤在一间教室里，七嘴八舌地发表自己的经商见解，争先恐后地为自己公司争取指导老师的评价，像专业人士般滔滔不绝地进行产品讲解。曹斯慧觉得自己跟青年成就组织学生公司一下子就撞出了火花，她第一次有了要干番大事业的雄心。

在组建学生公司和拟定商业计划书的时期，曹斯慧竞选担任 SupSing 学生公司的人事部部门总监，全面负责公司的组建工作。她组织部门内人员设置公司架构，安排组内人员分配，招聘各班销售负责人，明确各个部门和各个职位的工作要求。"在我们的商业计划书赢得了学生公司竞赛的第一名并获得实体操作资格时，生产变成了公司最重要的环节。由于公司成员都是年轻气盛的高中生，不缺少创业的激情和大胆的创意，但缺少在公司进入实体运营后对产品生产的实施与控制能力。产品的生产进程举步维艰。这个时候，生产部的运作对公司运营进程的影响尤为重要。而生产部人员对木质明信片产品的用料、设计、工艺理解不透，解决产品生产过程中遇到的问题的能力不足。"曹斯慧称，考虑到生产厂家的负责人是和她经商的父亲有多年交情的朋友，父亲也从小对她有商业方面耳濡目染的引导，所以为了不影响学生公司的运营发展，她及时调整了自己在公司的角色，卸任人事部部门总监，重新安排公司部门及人员，转任生产部部门总监。曹斯慧带领生产部团队，针对木质明信片的设计与工艺要求，不断地与校内学生设计者、外聘专业设计师、原料供应商、各工序的加工厂家等洽谈商议，包括产品材料的选用、加工工艺的调整、成本的控制、产品包装、运输流程等。

及时调整自己的位置，适当安排成员之间的合理分工，是青年成就组织学生公司在实践中教给学生的。2016 年，一个学生公司设计并推出了美观实用的学生书挂。该项目获得了 2016 年青年成就组织中国学生公司大赛"运营特别奖"。公司名称为"小学文艺学生公司"，主打产品是一款双边书挂，布料采用了亚麻布，双边承重和环保用料是其最大的特点，主要目标群体是学生。白冬晓是公司的首席执行官。他告诉记者，他在这一段历程中最大的收获是学会了如何有效管理。"我本是营销部的成员，当选为首席执行官后，突然感到身上的担子沉了许多。我不再限于管理营销的事情，开始着手于一些自己并不太熟悉的领域，以大局为重。"

白冬晓称，在学习课程的过程中，在与公司成员的交流中，他的世界好像开启了一扇天窗：了解新的概念，熟悉商业界的潜规则，发掘自己的潜能，学会完成不可能完成的任务……将近期末时，开始熟悉公司各部门具体工作的他，变成了一个"工作狂"。"我几乎把所有我能够做到的事情都揽上身，总是希望能够亲力亲为，把一切做到最好。于是，在这段时间里，我失去了一个首席执行官该有的职能，以至于到了某一天我累垮了，躺在病床上自我反思，想起一篇多年前看过的文章。"白冬晓领悟到，一个领导者最重要的不是他本身具有多么强大的工作能力，而是有多么强大的领导力，甚至能够让能力比他强的人为他办事，让公司有很好的向心力和凝聚力。从前把所有事情揽上身的方法是不可取的，在工作量巨大的情况下也是不可能实现的。于是在下学期初，白冬晓开始探索如何做好一个首席执行官该做的事情，着手于大局的布置、成员的分工和公司运营的发展进度，预想未来会出现的危机。如今产品已经更换了 6 代。白冬晓在不断的探索中发现问题，调整方向。

(二)现实磨砺　机智应变

今天很残酷，明天更残酷，后天会很美好，但绝大多数人都死在明天晚上，却见不到后天的太阳。这是马云的一句名言，曹斯慧在自己的商业实践中领会到了其中的深意。木质明信片的整个生产过程非常复杂，是一个从虚拟创作到实体产品的演变过程。让曹斯慧屡屡碰壁、焦头烂额的事莫过于跟厂家、社会人士沟通。"厂家总认为他们的经验比我们这些十七八岁的高中学生丰富，因此爱对我们的想法评论道：'这不可能''这太麻烦''这太幼稚了'……因此有时候，厂家还会自作主张地修改产品设计稿，拒绝听取我们的生产意见和要求，推后处理我们的订单，反复无常地改变合作态度。"曹斯慧称，SupSing 学生公司几乎是在没有公司运营经验、没有任何资金支持、与厂商和赞助商签订的合约没有任何法律效力或约束力的条件下经营的。"除了依靠信念，我还逐渐改变自己的定位，不再把自己定位成公司高层，硬碰硬地与厂商'对峙'，而是更多地从一个学生、初出茅庐的创业者的角度耐心地接纳厂商的建议，不断调整，努力寻找最能体现公司理念、利润最优、能让厂商满意的解决方案。"

当经营学生公司的所有激情、兴趣转化为每天无休止地与厂家争辩、协调、谈判，利用休息时间跑市场、找材料、见厂家、做调研，还感受到老师和家长敦促学习的压力时，曹斯慧才真切地明白，学生公司不是玩玩而已，要推进公司运营进程是非常艰难的。因为销售对象主要是校友学生，所以必须有效地控制生产成本，制定学生可承受的价格。木质明信片主要成本包括原材料、木材工艺加工和电脑木刻等费用，制作过程需要多个工序，涉及两个加工厂。学生公司的订单小，只有 500套。公司必须一方面不断通过更换选材、调整设计、改进工艺等方法，切实将成本控制到最低水平；另一方面要引起加工厂足够的重视，不断协调他们提高产品质量以达到公司的工艺要求。

"对于我们这些社会经验不足的高中学生来说,第一次真实地与该行业最优水平的厂商沟通、谈判、协调,是个很考验人耐力和承受力的。"曹斯慧称。在设计阶段,她和伙伴们几乎每天晚上都挤出半小时的时间与激光木刻厂家的业务人员电话沟通,改进设计的生产工艺以确保生产顺利。但在最后的生产阶段,厂家竟然来电说:"我们厂达不到你们的工艺要求,你们的订单太小,我们正是生产旺季,你们还是找别的厂家吧。"当时疲惫和无助的曹斯慧甚是绝望,生产部门的情绪也很低落。"但作为公司的生产部部门总监,如果产品就这样夭折了,我会很不甘心。"曹斯慧曾经沮丧地蹲在课室角落思前想后,不知如何是好。最后,她与生产部的部员和财务部部门总监立刻奔赴郊外的厂家,要求面见激光木刻的厂长洽商,并耐心说服厂长。"庆幸厂长最终被我们的真诚与执着打动,同意以我们的目标成本尽量做出符合我们工艺要求的木质明信片,还因为非常感动于我们对课外活动的热情而免费帮我们运货到学校。"

更大的考验还在后面。资金是商业运作必不可少的一环。公司运作之初,与某培训机构签署5000元的广告赞助,最后培训机构却无故毁约,迫使公司资金断链。公司召开紧急会议,商讨出三种融资计划:一是进行第三方所有权校内模拟融资计划,欢迎学生出资购买公司股份;二是向家长借款,以支付原材料及加工定金,保证生产如期进行;三是在木质明信片产品未出厂前,以相对优惠的价格吸引消费者,以产品样品及其效果图向各班级进行预售,通过收取预售定金支付后续产品加工费。虽然因为第三方所有权涉及过多复杂的商业性操作程序,被指导老师否决,但第二、三个计划是可行的。于是部门总监们都积极向家长借款,并动员每个班级的销售人员热情宣传,以极佳的口才推销产品,向学生、老师、校友、家长等所有潜在消费者展示产品如何特别、精致;向同班同学大打"亲情牌",诉说公司的生产过程如何艰辛。凭借不懈的努力,在成品还未产出之前,公司已经成功预售了263套(总产量为500套),这让陷入财政困难的公司化险为夷。

根据学生的消费水平,结合产品的成本,公司做了精确的计算,把零售价定为 59 元，并制定了预售价、班级团购价、特卖促销价，在校内第一次实现了无人销售的模式，即提供足够的零钱和产品，让同学们自主购买、自动付钱、自我找零。在执信中学 90 周年校庆之际，公司发行了校庆收藏版，售价 90 元，至此 500 套木质明信片半年内全部售罄，最终 SupSing 公司盈利过万。

(三)财商教育　势在必行

经过六七年学生公司的运营，洪少帆作为课程的负责老师之一，深深感到这些历练对学生太重要了。责任、担当、勇气、坚持、受挫能力、公关能力，这些东西都是课本之外的，但却是学生实实在在需要具备的。小心文艺学生公司的成员之一毛晓彤讲道："在学生公司的短短一年时间里，我有机会接触到更宽广的平台，认识到学校以外的世界。我开始学着与社会上不同的人打交道，这让我迅速成长，从的腼腆到淡定从容。在产品发展的过程中，我学会用发散思维去思考问题。没有创新的思维只会让我们的产品止步不前。作为一个宣传人员，无论是公众号的制作，还是淘宝微店的准备工作，对于我来说都是一个全新的未知起点。从一开始摸索着最基本的操作方法，到后期熟练地制作推送、处理订单，面对突发事件沉稳处理，在学生公司一年的时间里，我不知不觉地成长了。对我来说这真的是一段不可多得的经历。"

也有学生表示，学生公司给人一种把自己置于死地而后生的感觉，把以前自己从不敢想象的可能变成了现实。学生朱厚儒表示，通过经营学生公司，自己逐渐从一个重度拖延症患者变成一个能好好利用时间的人，从一个好奇宝宝慢慢变成在生产方面有经验的人。"在与厂家沟通的过程，我学到了很多，更重要的是我对沟通越来越感兴趣。沟通是人与人相处的必需品，无论何时，沟通都有着很大的重要性。这一段时间使我越来越善于与人沟通。总的来说，学生公司的课程学习增强了我的能力，感谢学生公司带给我的成长与改变。"

学习氛围具有很强的感染力。面对众多学生的感慨，洪少帆已经开始筹备比青年成就组织学生公司更深入、更彻底的课程——"财商教育"。

　　财商教育是保障人生幸福的重要一环，是智商教育的必要补充。一个人如果同时拥有良好的智商、情商和财商，其人生必将更加完美和幸福。财商教育是学生将来步入社会的有力保障。

　　在洪少帆老师的计划中，《财商教育》既有活动也有课程。学校金融社和跳蚤市场给了大部分学生实践的平台。学生冯悦说："金融社不仅带给我接触基础经济知识、提高自己学术水平的机会，而且带给我很多志同道合的伙伴和金融相关领域前辈们的指导，更为重要的是在策划活动、管理人员方面的经验，以及进一步了解金融知识的机会。因为金融社的经历，我有幸参加了康奈尔大学中国项目，学习了宏观经济学的入门课程。临近卸任，我希望下一任能够办出更好的商赛，也祝金融社未来会越来越好。"

　　也有学生在跳蚤市场上摸索出盈利的模式。朱子昊感言："在批发和零售中，我思考过如何瞄准消费群体的需求进货，如何根据市场销售情况及时调整价格，如何进行营销，以及如何根据每个人的特长分工协作等问题，也在这两年的两次销售中赚到了第一桶金。"

　　作为跳蚤市场的组织者之一，侯钊轶表示："前台组、游戏组、维稳组、摊主组……这些组都是跳蚤市场的缔造者，从10月开始策划到12月31号成功开展，我们这群十六七岁的孩子完成了很多大人都很难完成的事：联系校内外表演者，联系专业设备，组织摊主，与学校协商，向同学们宣传……每年的'跨年跳蚤市场'都是拥抱新一年的开始，它的意义就是让我们明白：遇见了最好的你们，成就了更好的我们。"

　　学生公司多年的运作，让执信中学在学生财商教育方面有了合适的土壤。下一步学校将在此方面有长远的计划，如整合和探索中学生财商教育的综合实践系列课程，希望通过财商教育，让学生掌握专业的财商知识，培养发现、调动、运用资源的能力，学会选择，学会合作，学会如何和困难打交道。

三、奥林匹克　头脑风暴

让我成为知识的探索者！

让我在未知的道路上漫游！

让我用我的创造力把我居住的世界变得更美好！

在执信中学，凡是参加过头脑奥林匹克队的学生，都会将这几句铿锵有力的誓言镌刻在脑中，永远不会忘记。因为所有的经历都是前所未有的，所有的创新都是独立自主的，所有的想法都是发自内心的。

头脑奥林匹克(The Olimpic of Mind，以下简称 OM)是一项创造力的竞赛，现在已成为国际上颇具知名度的培养青少年创造力的活动。1976年，OM 竞赛由美国新泽西州葛拉斯堡罗州立学院教授塞缪尔·米克卢斯发起。从 1978 年开始，OM 竞赛每年在美国举行一次。该活动始终倡导动脑与动手相结合，科学与艺术相结合，自然与社会相结合。

中国从 1988 年开始，首先在上海开展 OM。执信中学从 20 世纪 80年代开始参与 OM 竞赛，目前既有 OM 选修课，又有 OM 社团，还会组织相应比赛，鼓励学生参加校外比赛。"我们希望培养创新人才。我个人理解，创新人才要有独立的人格，不能人云亦云，随波逐流。主动创新的人一定要有独立人格，对问题有自己独立的思考和判断，进而才有创新意识。所以我们在课堂教学和学生活动中都非常重视培养学生的独立人格。"校长何勇如是说。

(一)首届比赛　执信夺冠

1989 年 10 月，中国首届中学生 OM 竞赛在北京举行。OM 是以创造性思考技能为主要竞赛内容，以学生为竞赛主体的国际性智力竞赛。它完全不同于我们传统的智力竞赛，每一道题都是一个没有边际的思考天地，没有唯一的、标准的答案。获得最高分的原则是具有创造性的回答及制作。

那一年，执信中学代表队以 1445 分的好成绩夺得了首届 OM 竞赛冠军。

尽管年代久远，但是当时比赛中的一个片段足以让所有 OM 队员刻骨铭心，同时也让 OM 精神展现无遗。

这是一道简单而深奥的题目，2 分钟准备，3 分钟完成，要在一张画有椭圆形的纸上添画，每个队员轮流上阵，不管你是否会画，都要添上几笔，需要集体完成一幅像样的画，不仅要有独创性，而且要有幽默感。

执信中学代表队出色地完成了任务。不到 5 分钟的时间，一幅充满讽刺艺术的漫画展现在观众眼前。椭圆形变成一只馋猫。馋猫头顶乌纱，眼睛盯着的却是脚边的鲜鱼。一只老鼠得意扬扬地拿着钥匙，背着米袋悠悠然地从米仓中走出来。

比赛结束后，执信中学代表队亮了。完美的画作体现了队员的团体协作精神和独创精神。

从中我们可以看到，OM 精神的提倡，OM 竞赛的开展，将会给素质教育带来一种启示，一股清泉，一种活力。相比传统教育的弊端，如填鸭式的教学方式使学生思维趋向保守僵化，OM 则让学生在应变反应、问题解决、独立创造和集体配合等方面有所发展，动脑、动口、动手三结合为创造力的开发开辟了广阔天地。

图 4.5　我校 OM 代表队获得第 36 届世界头脑奥林匹克中国区决赛第三名

当年，参加首届中学生 OM 竞赛的执信中学代表队郭队长表示："OM 是挖掘自己的潜力、拓展自己思维领域的一种竞赛。它与普通竞赛不一样，它更全面，更注重培养独创思维能力和动手操作能力。"

当年队员之一、执信中学"数学王子"蔡博智也寄语小队员们："充分利用好 OM 活动，在实践中提高自己，做一个素质全面的人。"

学生们对 OM 竞赛的评语也道出了学校一直以来花费那么大的精力去支持学生参赛的缘由。OM 代表队在 2015 年获得了第 36 届世界头脑奥林匹克中国区决赛第三名(见图 4.5)。

(二)淡化功利　唯求兴趣

尽管 OM 具有比赛的性质，但是执信中学从来不把它当成是一项选拔。在 OM 面前，人人平等。

多年来，执信中学 OM 队从市、省、全国，乃至全世界都获奖无数。例如，2014 年 2 月，执信中学两支代表队奔赴上海参加了第 35 届 OM 中国区决赛，全国 450 多支队伍同场竞技，执信中学获得了全国总决赛第四名、广东赛区第一名的成绩。参加此次比赛的学生仅仅经过了一个学期的上课加社团活动的训练，并不是从学校层层选拔出来的优秀种子选手。所有参赛学生都是自愿报名的。

万一自愿报名的学生在比赛前的模拟训练中表现不好怎么办？对于这个问题，执信中学副校长陈民十分淡定。他表示："我相信我们的学生都非常优秀，他们做自己感兴趣的事一定会尽力而为，所以我从来不担心他们比赛时会发挥失误。老师总是跟学生说，比赛最关键的是发现自己的兴趣爱好和锻炼能力，获不获奖不重要。此外，让学生自愿报名参加比赛，还有利于培养其长期兴趣。他们可能因为感兴趣而参加比赛，获奖了又更加感兴趣，如此形成良性循环，说不定会因此确定他们以后的发展方向。"

揣着一颗平常心，奔着自己的兴趣而去，每每是无往不利。参加第 35 届 OM 全国赛的执信中学代表队队长夏禹洁说："我们队里很多同学其实在平时的学校比赛中表现都不是最好的，但我们都对这个比赛很感兴趣。一开始我们都以为自己这么烂的水平，在广州赛中估计会输得很惨。但老师一直对我们很有信心。在比赛时，也是老师的不断鼓励给了我们信心。没想到我们竟然获得了全国第四名的成绩，真是太不可思议了。"夏禹治的一席话恰好印证了 OM 竞赛的团结协作、求异思维、没有刻板答案的特质。

OM 的这种特质给了学生很多脑洞大开的机会，让学生天马行空，甚至让无厘头成为一种时尚。"人生就像一盒巧克力，你永远不知道下一颗巧克力会是什么味道"，这种不确定性对于学生来说永远是一种诱惑。你自身所能到达的程度取决于你思维所能延伸的广度。学生小邓说："从小到大，在父母和朋友眼中，我是'脑洞开得特别大的人'，也就是那种很神神道道的人。来了 OM 以后，我发现其他人跟我一样，甚至很多人脑洞开得比我还大，我们都觉得在这里我们那些无厘头的想法可以变成现实。"她表示，来了 OM 后，尝试了太多人生第一次，"我以前从来没试过剪电线、糊纸、绕铁丝，但来了这里，什么都要自己动手做，动手能力真是得到了极大提升。我们能把一大堆看起来没用的东西组合在一起，然后变成一个超级高大上的物件，如我们用一堆废报纸做出了一个超逼真的女鬼。第一眼见到这个'女鬼'，我差点吓哭了。此外，我的性格也改变了不少。之前，每一个见过我的人都说我极度高冷，冷到要冻死你的地步，来了 OM 以后变得超级开朗了。"学生小杨说："参加 OM 竞赛可以尝试到动手的快乐，锻炼对突发情况的应变能力，练就一双发现问题的敏锐眼睛，同时还能交到许多朋友，感受到团队的合作与力量。"同班同学小雅极度赞成。她认为，自从选修了 OM 课以后，她的思维真的有所转变，会把课上所学的思维方式用在生活中。"如我在公交车上，手拎着袋子很重，要是以前，我就认命，重就重吧，累死算了。但自从上了 OM 课后，我就会想如何用我手上现有的东西来减轻袋子的重量。我想啊想，灵机一动，我可以把校服卷成绳子状，然后吊着袋子，这样就不会感觉拎着这么重了。"

(三)大胆想象 创意无限

对于一个普通人来说，OM确实有点怪异。很多做法起初往往会突破普通人的惯常思维，最后又落在常理中。执信中学的科学馆里经常会上演一些常人看来稀奇古怪的事情。

例如，一副纸担架要承受四个人的重量，匪夷所思吧？但学生们却有条不紊地做着试验：两张普通的牛皮纸卷在两根2米长的圆木棍上，为了不让纸被划破，他们在纸上铺了块窗帘布；为了使纸受力均匀，他们在布上放了几块小木板。纸床大功告成。接着，一人、两人、三人、四人陆续躺在纸床上，纸床没有丝毫破损。但抬床的人都已憋红了脸，气喘吁吁了。

这还不算，更魔幻的事还在后头呢。一纸托千斤，你服了没？学生们是这样做到的：两个"条凳"，凳面中间各挖一个洞，洞中固定一根约60厘米的水管，丁字架的圆木棍可穿过水管。在水管的底部包上一张作业纸，水管里放上若干湿沙子，丁字架再插入水管内。然后，大木板上站上8名同学。神奇的一幕出现了：两根铁管下的两张作业本纸居然安然无恙。原来，"一纸托千斤"的奥妙不在于纸，其负荷的力全部由沙子之间的摩擦力承载了。

"OM让我亲眼见证了以前自己无法想象的事情，只要大胆想象，小心求证，就有机会把不可能变成可能。仿佛变魔术般，太帅了。"学生小宁谈起OM都有点不可自拔了。

作为广州较早开展OM活动并经常参加各级竞赛且屡获佳绩的学校，执信中学也经常作为各级OM赛事的举办地。例如，2015年广州第二届OM大赛就在执信中学举行。在比赛中，主办方给出5道题目，参赛队任选一个小组协同准备。本年度的题目有失控的"火车"、潘多拉魔盒、释放玻璃球的机构和无声电影等。最有意思的当属失控的"火车"，参赛队要以此为主题进行表演，包括火车在轨道上的经历、一名幽默售票员指引整个旅程、绕场庆祝胜利表演等。

执信中学高一参赛队将吃进肚子里、不卫生的汉堡包比作失控的

116

"火车"，轨道是复杂的人体肠道，障碍物是细菌。汉堡包在肠道中历经各种"艰难险阻"，"吃货"肚子疼得满地打滚，"黑细菌"肆虐狂欢，最终医生出动，战胜了"黑细菌"，汉堡包被顺利消化。获得胜利的医生、汉堡包和"吃货"最后高兴地跳起街舞。参赛的学生不光具备力学知识，还会运用编剧技巧，甚至会跳街舞，进行了一次全方位高难度的合作。

四、模联少年 国际视野

以梦为马，不负韶华。这是每一年站在"模拟联合国"舞台上的执信人心中的一个信念。"模拟联合国"兴起于20世纪40年代的美国，如今已成为风靡于全世界大中学生中的课外学术活动。执信中学于2005年将"模拟联合国"这一活动引入校园，创办了EDUS社团。历经多年的发展，社团规模不断壮大，活动质量不断提升，在北大模联、复旦模联、哈佛模联、耶鲁模联等大型会议上表现出众，屡获佳绩，并举办多届执信中学泛珠三角"模拟联合国"大会，在广州市、广东省乃至全国树立了品牌。

图 4.6 2016 年广州执信中学泛珠三角模拟联合国大会

2016 年 12 月 3 日上午，携手冬日的暖阳，执信中学泛珠三角模拟"联合国大会"召开(见图 4.6)。在优秀学子济济一堂的会议中，校长何勇在致辞中提到，从 11 年前派出 5 名学生前往北京大学参会，到如今每年定期举办泛珠三角"模拟联合国"大会，学校培养了一大批具有家国情怀和国际视野的优秀学子。世界需要听到青年人的声音，世界更需要青年人的行动。

"模拟联合国"是世界各国官方和民间团体特意为青年人组织的活动。青年学生扮演各个国家的外交官，以联合国会议的形式，通过阐述观点、政策辩论、投票表决、做出决议等联合国的运作方式，了解世界发生的大事对他们未来的影响，以及自身在未来可以发挥的作用。梦想的力量是巨大的。虽然现在看这些孩子大部分都很普通，但或许经过这件事，他们的心里已经埋下了种子，并有了为之奋斗的力量。谁能断定未来他们之中不会有人真正跨入像哈佛大学、麻省理工学院这样的学术圣殿，走上真正的世界领袖舞台呢？

(一)模联社团　精英荟萃

执信中学是广州市的中学里最早开设"模拟联合国"社团的学校之一。2005 年，学校第一次派出学生参加北京大学"模拟联合国"大会，是广东省第一批参加北京大学"模拟联合国"大会的学校。学生们也第一次感受到了"模拟联合国"大会带来的震撼。他们决心将这么有意义的一项活动向所有的执信中学学生推广。学生曲思恺和其他与会的小伙伴在会议结束返校后便在学校的指导下创建了 EDUS 社团。

"起初我们只有'模拟联合国'这个社团，后来为了在校园里普及英语，我们就把'模拟联合国'社扩充为 EDUS 社团。每个英文字母代表一个部门：E——English corner（英语角），D——Debate（辩论），U——Model United Nations（模拟联合国），S——Speech（演讲）。随后几年，EDUS 社团又新设了外交部和常务部。参加'模拟联合国'大会的主要是模联部、外交部和常务部。"执信中学 EDUS 指导老师陈洁特别强调执信中学的"模拟联合国"从 2005 年创办至今，一直坚持面向全校所有学生开放。"我们希望所有对'模拟联合'有兴趣和热情的学生都能参与进来，所以每年'模拟联合国'招新的面试中，兴趣和热情是主要考察内容。可能有的面试者英语口语不够好，但没关系，英语水平可以在进入社团后慢慢培养，最重要的是有兴趣和满腔的热忱。"

"模拟联合国"在执信中学有着超高的人气，近几年每年申请加入"模拟联合国"的学生都有200来人，但最后名额有限，只能招收50人左右。由于供大于求，每年"模拟联合国"的挑选会非常严格。一旦入选，学生将会得到专门的培训，并有机会参加国内外"模拟联合国"大赛。由于顶着名校的光环，且招收人数少，有些学生认为"模拟联合国"门槛高，是智商高、口才好的名校学子的专属游戏。"模拟联合国"被看成是贵族俱乐部。不过，不管是已经读大学的"模拟联合国"过来人还是正在参加"模拟联合国"社团的高中生，他们全都否定了"模拟联合国"是贵族俱乐部这一称谓。

"其实进了EDUS社团就会发现，无论是准备'模拟联合国'会议还是协调部门里的工作，都非常苦非常累，没有爱是坚持不下来的，我们都是一路挣扎和纠结过来的。"庞悦曾是执信中学"模拟联合国"学术理事长，高一时就加入了学校"模拟联合国"；到现在为止参加了多次大型的"模拟联合国"会议。参加"模拟联合国"两年多的时间里，她多次有过放弃的念头，但最后都因为对"模拟联合国"发自内心的爱让她一直坚持了下来。

"一般我们会遇到准备'模拟联合国'会议与期末考试撞期的情况，这时候特别纠结和挣扎，每天做完如山的作业后还要投入会议的准备中。准备会议要查阅大量资料，还要与同一会场的与会代表进行讨论。我们经常会因为对议题有不同的观点而争得面红耳赤。会议期间感觉不出会议的方向会有一种被孤立的感觉，特别是为了参加会议去到冰天雪地的地方，整个感情基调就很凄凉，而且整个会场上都是你不认识的人，还有很多外国代表，你会突然觉得你什么都不是。"庞悦说，面对如此绝望的局面，真心不可能把"模拟联合国"与贵族画等号。最终让她走出绝望，坚定走下去的是一起参加"模拟联合国"大会的那些神一样的队友。"无论遇到什么困难，其实你只要一想到能够与一大群来自世界各地的精英在一起，大家一起讨论和解决同一个问题，他们也像你一样为了同一件事情挑灯苦战，你会觉得'模拟联合国'大会是一件很神奇很美好的事情。"

(二)五朵金花 载誉凯旋

天道酬勤，2015 年的暑假，庞悦跟四位小伙伴一起到联合国总部走了一趟，捧回了一个大奖。这是在联合国总部举行的"和平责任未来"中学生"模拟联合国"大会。执信中学代表团 5 名学生收获颇丰，其中庞悦和廖智媛分别获得两个组委会最高的最佳代表奖，罗怡菲获杰出代表奖，吴若曦获得最佳文件写作奖。

此次"和平责任未来"中学生"模拟联合国"大会由美中教科文基金会、联合国中国书会、中国艺术节基金会、中国教育电视协会等机构主办，议题为"联合国千年发展目标及非物质文化遗产保护和传承"。

图 4.7　参赛选手代表不同国家

在这次"模拟联合国"大会中，首先是填个人志愿，然后是参赛选手选择想要代表的国家(见图 4.7)，组委会安排选手所代表的国家的议题。拿到议题后，参会者开始研读背景资料，大致了解问题的来龙去脉，然后开始资料的查找。查找资料分为两个方面：一是查找关于议题本身的资料，二是查找个人所代表国家关于此次议题的资料。最后参会者结合所代表国家的国情得出一个相对合理的结论。

对于在找资料过程中遇到的困难，姑娘们都笑着说困难肯定有，但这也是无法避免的。廖智媛说："找资料对于我们来说是一件挺矛盾的事情，首先是怕没有资料，找到了又得判断资料的真实性；第二就是可能会找到很多的资料，但它们的观点可能是比较矛盾的，这时候你就会陷入迷茫，不知道该信任哪一份资料。与之相反的就是找不到资料了。"这些都是在查资料中所能遇见的问题。

罗怡菲也说，她们有时会借助论文资料，但一般的网站又只能免费提供摘要部分，有时候花钱下载，偶尔下载的内容又帮助不大，会花冤枉钱；还有就是最怕遇到小国家的资料，让她们印象深刻的就是巴布亚新几内亚和乍得。罗怡菲打趣道："有些真的没有听说过。"

现在越来越多的学生参加"模拟联合国"大会。对于现今学生的"模联热"怎么看？廖智媛称："不排除一部分人带有功利心，因为国外比较看重学生的实践能力，会把这样的活动当作一种衡量标准，如有的学生想要出国，就会很积极地参加这些活动。"有的学校也会特意组织国际部学生去参加含金量比较高的会议。如果不是兴趣所在，参加"模拟联合国"大会会很痛苦，因为至少要花上一个月的时间去准备。

另一部分人大概就是出于对"模拟联合国"的真正热爱了。廖智媛说："每一次参会，我都会用全部的精力去对待，去享受整个过程。"她与其他几名执信中学的同学加入"模拟联合国"都是因为发自内心地热爱。"我永远忘不了场上那种热血沸腾的感觉，为了一个虚拟的国家去争取所有能够争取的利益。"廖智媛说。

庞悦说："我是觉得同很多来自不同地方的人为了一个共同的目标而奋斗的感觉是很美好的，如最后出决议草案，在交这份草案的前一天晚上，属于同一个集团的所有国家代表都会团结在一起。说大一点，我们所有人都应该有世界公民的意识。不管是医生、老师，还是其他职业者，我们都应该有经济全球化的意识，有通过沟通交流然后达成一致协议的意识。"

罗怡菲坦承，参加"模拟联合国"让自己学会了用思辨的方法去看问

121

题。"对于平时看到的一件事，你或许就觉得那只是表面上看起来的样子，但在"模拟联合国"的时候你必须从很多角度分析一个问题。"

执信中学带给学生的是师生互爱的友好氛围，是令人沉醉的人文气息，是不断创新的科学精神，是自我发展的卓越能力。雅斯贝尔斯说："教育是人的灵魂的教育，而非理智知识和认识的堆积。"执信中学的这些课程无不触及学子们的灵魂，他们的肺腑之言着实让我们看到了特色课程的独特效能。因为参与，所以成长，这样的成长难以忘怀；因为体验，所以感悟，这些感悟将伴随他们一生。至此，我们也就不难理解执信中学的魅力所在了。

第五章

核心素养　寓教于乐

21 世纪初，经济合作与发展组织提出了核心素养结构模型，它要解决的问题是 21 世纪培育的学生应该具备哪些核心的知识、能力和情感态度才能成功地融入未来社会，才能在满足个人自我实现需要的同时推动社会的和谐发展。其实，执信中学很多年前推崇的素质教育理念与当下倡导的核心素养培养基本相吻合。

执信中学以德为主，以身心健康为求学之本。社团活动以兴趣为导向，点燃学生的原动力。执信中学的学生之所以拥有中国的情怀、世界的眼光、全面发展的意识，实则离不开学校对核心素养教育的高度重视。

近年来，执信中学在认真专注、科学履行传授知识任务的同时，特别注重个性化活动的设计和开展，对所有的活动设计提出了新标准和高要求：首先坚持科学性；其次是传承和创新发展中华优秀传统文化；然后将社会主义核心价值观的内容渗透于其中，让学生切身体会感受优秀传统文化的魅力；最后不忘发挥与时俱进的特色，充分融合社会的热点和焦点问题，希望学生通过体验去感悟生命的意义，最终推己及人。自我管理不仅关乎学生的个人成长，而且是其承担社会责任的开始。

何勇校长认为,每名学生都是独一无二的,都有其自身的价值。教育应该发现和发展他们的潜能,激发他们的志趣,实现他们的个性发展,让他们成为最好的自己。初高中学生起码要懂得重视健康生活,包括珍爱自己的生命,拥有健全的人格,懂得自我管理的重要意义,拥有担当责任的意识和实践创新的精神。核心素养教育应以此为目标,在特色课程学习的基础上让学生体验各式各样与核心素养教育有关的活动。可见,执信中学的每一个活动设计基本都是基于生活、立足实践、面向社会、让学生主动参与活动的全过程并且要有所悟的。也唯有这样,核心素养教育才能融进学生的生命。何勇校长还请历任校长回校一起座谈(见图 5.1),为高效实施核心素养教育出谋划策。

图 5.1 历任老校长座谈合照

第一节 素养教育 不拘一格

教育家苏霍姆林斯基曾经说:"教学大纲和教科书规定了给予学生的各种知识,但却没有规定给予学生的最重要的一样东西,这就是幸福。"[①]好的教育就是让人感受到生活的幸福,感受到身心统一的那种幸

---

① 伍德勘:《高师教育学教程新编》,206 页,合肥,安徽大学出版社,2004。

福。所以，何勇校长经常给教师传授一种理念，在谈教育之前，首先谈谈文化、人性及良知。他觉得这是好的教育的根本所在。他也因此叮嘱年轻的教师，在培养一个真正的人之前，首先要把学生培养成为一个完整的人，让学生拥有幸福完整的生活。毕竟教育的内容源于生活，教育的根本目的是服务于人的生活，教育的过程是生活的过程，教育方式影响生活方式，教育奠定个人生活的基础。其次希望教师追求更高的生命境界，站在生命的高度去梳理教学体系，让德育与智育完全交融。

执信中学对学生的期待很简单，即希望日后走出校门的学生都能够幸福地度过自己的一生。其实，教育本身应该是充满乐趣的。如果教育只是传授给学生一点书本上的知识、一点生存的技能、一点应对考试的技巧，将一百个孩子变成一个孩子的教育，那么，这样的教育充其量仅是培养社会生产流水线上的一个"标准件"。学生循规蹈矩，但无法成为有创新思想、有活力的公民。

枯燥的教育不是最好的教育，更不是学生想要的教育。教育不仅要面向未来，为学生将来工作和生活做准备，而且要面向当下，要教会学生快乐、健康、积极地生活。

言必有中，学生喜欢围绕教师，教育才能起效，教与学才不会成为师生彼此的负担。何勇校长认为，好的学校教育要给学生的未来修一条路，而不是砌一堵墙。所谓修路，就是为学生营造好学上进的氛围，想办法提高课堂教学的时效性，尽可能地将课堂教学延伸到生活中去，这是基于对生命的尊重。凡是学生在未来生活中需要用的技能，教师基本都会在课堂教学中及课外活动中加强指导。执信中学用贴切的案例演绎了"学校社会化""教育生活化""学校即社会""教育即生活"。

在希腊文中，学校一词是闲暇的意思。或许在希腊人看来，教育就是享受一种闲适，学习就是一种有益的游戏。闲适不是空闲，也不是闲散，而是一种心灵的自由。玩也不是无聊的游戏和无度的纵欲，而是有知识、心智、情感、团队精神等参与其中的。学生需要闲暇，教育需要闲适。爱因斯坦说过："负担过重必然导致肤浅。"

　　"学生才是教育的主体。"何勇校长一以贯之地认为，"高考是教育的一部分，并不是他们人生的全部，不能让整个中学生活都为那几个小时的考试做准备。在面对高考的时候，学校要给予学生更多的帮助，要给他们完整的教育生活。"执信中学固然重视升学率；但相比升学率，执信中学更重视的是学生的未来发展。执信中学从不会被书山题海充斥着，算是一所向补课说"不"的学校。学校坚持不加班加点，不占用学生课余和节假时间，坚持向40分钟课堂要质量，为学生提供自主发展的时间和空间。执信中学高中部已经取消早读，每天早上7：50上课，下午4：50放学。高二和高三从2018年3月起，每周二、周四增加第九节课。放学之后学生可以做自己想做的事，可以回家，也可以参加各种活动。何勇校长一再强调："高分数可以让学生飞得更高，但高素质可以让学生走得更远，高品位使学生将来生活更加幸福。"

　　从2000年开始，执信中学在放学后推行"一小时自主活动"，每天下午4：40以后，开放所有活动场所，实验室和图书馆供学生们自由使用。尽管校长曾戏言："你们也可以回家睡觉去。"但涌动着理想、回荡着激情的执信学子又怎会错过这个提高素质、张扬个性的机会？于是，这片空间里，有了文学社，于数理化的包围中辟出诗情的绿地；有了义工部，用爱撞击僵化的世俗；有了band乐队，用心灵在喧嚣的都市中放歌；有了学生党员，向人们展示信仰的力量；有了实验室，展示出竞技场上执着的身影；有了校园电视台、英语角、网络评价……梦想在这里实现，个性在这里张扬。目前，执信中学已发展出近50个学生社团，如EDUS社团（含英语角、辩论部、模拟联合国、演讲）、魔术社、哲学社、心理社、推理社、劲舞社、金融社、古风社、美式橄榄球社、观鸟社、机器人社等，各有玩法，各有精彩。"校长杯"足球赛踢足一学期，"执信杯"篮球赛可以打上半学期，艺术节历时四个月。

　　何勇是执信中学第十五位校长，自觉责任重大。一切有关教育之事都不敢懈怠："执信中学是一所有特殊历史使命的学校，凝聚了大量前辈的心血。在这样一所好的学习里工作，累就累在总有无形的东西让你不得不背负更多的使命。"何勇校长直言，好学校的教育要回归本质，回归生活，让教师和学生首先拥有一个正常的生活，而后再去谈教育。也只有当学生拥有了足够的时间，他们才能消化知识，潜心体验，静思默想，放飞想象，培养兴趣，发展爱好。

在实施四点半的第二课堂的过程中，教师秉承既不能是"时间加汗水"，也不做华而不实的表面文章；既不能空喊没有负担，也不能高呼负担过重。教师没有提"轻负担，高质量"，也没有提"高负荷，高质量"，而是提出"合理负担与更高质量"。

第二节　兴趣驱动　完善人格

何勇校长直言不讳：素质教育也好，核心素养也罢，倡导这么多年，社会上只重视知识的学习取向并无根本改变。父母、教师总希望把孩子培养成自己心目中的"作品"，有意无意中压抑了孩子的天性，忽略了孩子的个性发展，掩埋了孩子的活力，忽视了孩子的人格教育。每每目睹这些现状，作为一名教育工作者，何勇校长感到很痛心。所以，执信中学近年来在推行核心素养教育的时候，既不忘传承历史，也不忘回归教育的本质。

何勇校长认为教育是双向的、互动的。信息时代下，学生最需要的是能够唤醒他们内在的动力，而不是一味地灌输书本知识的教育。

核心素养教育的推行工作在执信中学之所以见成效，是因为方法正确，符合学生的生长发育规律。兴趣可以唤醒学生内心的原动力，尽其所用；还可以让学生发现自己，不负其质。

执信中学的育人手段就是点燃学生的兴趣，激发学生自身的活力，开发学生自身的潜力，协助学生进行转换，使学生形成一股内在的力量去推动自己的发展。

执信学子个个精神饱满，活力四射于校园里，进行着他们的学习，制作着他们的电视节目，编辑着他们的校刊，参加着他们的比赛与活动……学生有兴趣，才能够体现出教育的价值。执信中学崇尚的教育的终极目的不是去塑造一个人，而是让学生顺着自己的天性、天赋、潜能去发展，尽可能做最好的自己。

取得 2011 年广东省文科总分第四名的成绩的执信学子张婧潇，在考入香港大学后回来与何勇校长分享她对香港大学的看法："那里不再是一个靠重复工作能解决问题的地方，不再是一个有人告诉你对和错、应该和不应该的地方，而是一个讲究你需要什么、想让自己变成什么并且勇于为自己的选择承担后果的地方。"她觉得在执信中学的那几年，这些能力都得到了充分锻炼。

张婧潇的分享让我们看到了执信中学的素质教育赋予学生的非一般的人格魅力。何勇校长一语破的执信中学素质教育的秘籍："兴趣之外，人格的教育也要高于学问的教育，这是素质教育的基础。"执信中学尤其鼓励学生在课后共处与玩耍，关注学生人格是否健全。执信中学为什么如此重视社团活动，一是因为社团活动能够激发学生志趣，二是因为社团活动可以增加学生之间交流沟通的机会，三是因为社团活动对学生情感发展和健全人格的培养意义深远。在学校的支持下，社团活动也取得了辉煌的成就，如校合唱团荣获 2012 年维也纳世界和平合唱节最高荣誉奖"金橄榄"奖（见图 5.2）。

图 5.2　校合唱团荣获 2012 年维也纳世界和平合唱节最高荣誉奖"金橄榄"奖

第三节　强健体魄　求学之本

文武之道，一张一弛。也就是说体育课和文化课是相辅相成的，让人不至于因长时间的学习而产生厌倦。青少年长时间重复着比较枯燥的学习，容易产生厌烦情绪，需要其他活动的调节。体育是很好的调节方式之一。对于学生把部分时间用在体育锻炼上，何勇校长认为，这是磨刀不误砍柴工。在他眼中，学习的最终目的不是考高分，而是要把所学的知识转化为智慧。体育训练不仅是身体在活动，而且需要不停地动脑筋，不停地判断和决策，其中充满智慧。体育比赛也是素质教育的体现之一，是一个很好的开阔视野的窗口，更是一个很好的学习媒介。

建校 90 多年来，体育教学一直是执信中学教学体系中的重要组成部分。谢宝贞老师将他的体育教育工作归纳为三大特点。

一是严。在执信中学，他不容许学生上体育课时稀稀拉拉、爱玩则玩，也不容许学生穿妨碍运动的衣服、皮鞋、凉鞋等；要求学生做到纪律严明，秩序井然，像课堂里上课那样，集中精神，掌握好每一节应学的体育知识和运动技能。

二是活。有些训练动作比较枯燥，学生可能不感兴趣，他引用生动的事例说明学好这些动作的意义，同时适当搞一些游戏和竞赛，使学生学得生动活泼，饶有趣味。

三是科学。从长期的体育教学实践中，他深深感到男女学生差别较大。同一个班里，身体素质有强有弱，接收速度有快有慢，运动技术水平有高有低。千篇一律的教学方法效果不好。于是，他和体育科组的教师一起进行了大胆的探索，改革课堂教学：把循环教学和常规教学结合起来，实行了男女生分班教学，并按学生身体素质和技术水平分成若干小组，采用不同的教学方法，提出不同的要求，安排不同的运动量，收到了较好的效果。

在执信中学，体能锻炼与文化学习都是学生学习的重要组成部分，体育课与其他学科的课具有同等地位。学习上有一个"7+1＞8"的公式，说的是每天学习 8 小时，效果不如学习 7 小时加体育锻炼 1 小时。有些家长觉得为了分数可以牺牲孩子的锻炼时间，但实际上中学生活并不是人生的全部，而是打基础的阶段。学生应得到知识、能力、习惯、思维方式等全面的培养，体育锻炼也是其中重要的一环。还有一种比喻，身体是数字"1"，其他成就是在"1"后面不断地增加"0"，可以从 10 到 100 到 1000……"0"增加得越多，意味着成就越大。但如果前面的"1"不在了，后面增加的"0"是没有意义的。

执信中学全校 10％的学生参加运动队，体学兼优不是神话。在众多家长眼中，学习成绩和体育训练是水火不容的天敌。但是，执信中学会把学生赶出课室，逼着他们进行体育锻炼。早在 20 世纪 80 年代，执信中学便开展了体育分项教育，学生可以选修篮球、足球、羽毛球、游泳和田径 5 个项目中的一个。近年来，除了传统体育项目，执信中学还开设了啦啦操、瑜伽、太极等体育校本选修课程。学校要求每名学生掌握一两项体育技能，逐渐养成健身的习惯。

在课时设置方面，执信中学保证每个班级每天至少有一节体育课或体育活动课，前者完成体育教学大纲的任务，后者保证学生每天的锻炼时间。体育课和体育活动课均为每节 40 分钟，再加上上午 35 分钟的大课间，学生每天的运动时间基本保证在 75 分钟，超过了"每天锻炼一小时"的要求。为了保证锻炼效果，执信中学还要求学生在上体育活动课时不准带手机和课本，"逼着"学生把这些时间真正用在锻炼身体上。

"我们学校这样做是为学生的终身幸福奠定基础的。"何勇校长说，"如果没有良好的体魄，未来的一切都是空谈。"

目前，执信中学约 3400 名在校学生，其中近 10％的学生加入了学校的各项运动队，包括羽毛球、篮球、足球、田径（长跑、短跑、跳远、铅球、跳高）、游泳和啦啦操 6 支运动队，高中和初中 6 个年级都有学生参与，总人数 300 人左右。何勇校长称，学校组建运动队不是为了竞技，而是希望通过运动队带动所有学生进行体育锻炼的热情，传播发扬体育精神。

执信中学羽毛球队成立于 2010 年。一年后，学校聘任了具有国家队履历、2005 年从暨南大学毕业后潜心研究羽毛球教学的专业退役运动员刘露芳作为学校的体育老师和羽毛球队教练，对学校羽毛球队的学生进行更加专业的训练指导。作为一名退役运动员，刘露芳老师对于专业运动队"训练第一、文化课第二"的状况深有体会。她知道，自己在执信中学不是要教出一批世界冠军，而是要培养出一批学习成绩优秀、具有运动特长的全面发展的学生。

2012 年至 2014 年，羽毛球队共有 19 名学生毕业，18 人考上本科，只有 1 人在专科院校就读。就读的大学包括清华大学、中国科技大学、北京师范大学、中山大学、加拿大渥太华大学、英国纽卡斯尔大学等。

与此同时，羽毛球队在竞赛上同样成绩斐然。自 2010 年以来，他们参加了 3 次广东省中学生羽毛球锦标赛，均获得团体总分第二名的成绩。最突出的成绩是在 2018 年的中国中学生羽毛球锦标赛上，执信中学羽毛球队获得了 3 个冠军、2 个亚军、3 个第五名的优异成绩，是夺冠最多的一所学校。

2014 年，《广州市中小学校园足球计划（2014—2016 年）》出台，随后公布的 304 所足球推广学校中，执信中学赫然在目。执信中学在足球方面有着较好的底蕴。2016 年 6 月，足球巨星贝克汉姆来到执信中学并与小球员过招，无论在社会上还是在学校师生间都掀起了一阵足球热潮（见图 5.3）。同时，广州富力足球俱乐部与执信中学签订了校园足球合作协议，为执信中学注入了足球热情。

早在 2005 年，执信中学就在校内开展了"校长杯"足球赛，并持续至今。据何勇校长介绍，"校长杯"足球赛十分有趣。该校高一至高三每个年级有 16 个班，但每个年级的参赛队数不一样。"踢球的学生不是很多，我们允许每支球队由两三个班联合组队"。高一 8 支球队，高二 6 支球队，先分组再淘汰，分别决出高一和高二的冠军；然后，由高一冠军和高二冠军对垒，胜者向高三组冠军（高三自组 2 队，获胜者夺冠）挑

图 5.3 足球巨星贝克汉姆与执信学子合影

战，最终获胜的获得"校长杯"。最近几年的"校长杯"足球赛，几乎所有班级都参加，足球运动十分火热。"这个比赛水平不算太高，但学生很喜欢。我们也不占用学生的学习时间，所有比赛都是利用下午各年级的体育课时间或放学后的时间来完成的。"何勇校长说，"现在的学生身体素质比以前的学生差太多了。每天锻炼一小时对身体是有好处的，没有好的身体，书读再好也没用。"

在何勇校长眼中，踢球与文化学习不矛盾。"好球员一定是高智商、有韧劲的人。举个简单的例子：前锋面对门将时，从哪个角度射门最可能进球，没学过几何的前锋，射门时就可能不知道往哪个方向踢是最科学的；同样，门将守门时视野是有一个角度的，没学过几何，就不知道怎么守门才最科学。这些都是常识。"

第四节　全程参与　全面提升

"惟精惟一，允执厥中。"在核心教育的引领下，执信学子遵循着"博闻强记，多思多问，取法乎上，持之以恒"的学风，无论是课堂学业还是社会实践，无不志得意满，得心应手。何勇校长诚言，不是执信学子能力有多强，水平有多高，而是学校敢于放手，愿意为他们搭建一个任由他们展示青春活力的舞台。

执信中学的校园活动全年无休。一年好景君须记，最是橙黄橘绿时。在执信中学，以时间为轴，学生在校的每个月基本都有活动：2月，"执信杯"篮球赛；3月，艺术节、社团文化节、执信学生论坛；4月，清明扫墓活动、读书节、社团文化节；5月，五四青年节系列活动、Gold Voice 歌唱大赛、叱咤舞会、学生代表大会、科技节；9月，入崇德瀹智之门教育、教师节感恩活动、"校长杯"足球赛；10月，成人礼、游泳运动会、田径运动会、"争鸣杯"辩论赛会；11月，心理文化节，执信达人秀，Show Your Love 慈善义演，执信、华附、省实、广雅"四校棋艺大赛"；12月，泛珠三角"模拟联合国"大会、跳蚤市场、宿舍文化节、入门礼、毕业礼、执信大讲堂、感动执信评选活动及颁奖典礼等各种主题教育活动。执信中学的师生抱诚守真，善气迎人，遇大事成竹在胸，遇小事醇厚坚毅。

一、锣鼓喧天——体育节

体育盛事，乃校运之光。执信中学的校运会被不少学生誉为"万分好玩"的时机，有最火辣的啦啦队和劲舞社节目，有最饱撼的加油呐喊，有不知什么时候就会扬起的起哄声，有最感动的瞬间，有最饱张的情绪。

游泳运动会一般持续一周，每天下午4点钟开始分年级举行游泳比赛。田径运动会持续两天半，比一般学校的校运会持续时间要长，涉及的运动项目要广。例如，第38届校运会（见图5.4），游泳运动会总共设置66个比赛项目，共有742名同学参赛，产生了112块金牌；田径运动会设置114个比赛项目，共有1388名同学参赛，产生了154块金牌，其中共有11人打破了校运会的记录。

精彩比赛和美好结果固然令人难以忘怀，但身旁背后的许多故事同样也不可磨灭。学生们在羡慕运动员身上的荣耀与喜悦的时候，还看到了他们身后付出的辛勤与汗水；在为获得名次的运动员欢呼的同时，也向那些没有获得名次但仍坚持到底的运动员学习，学习他们不怕输、不

图 5.4 第 38 届校运会

气馁、勇往直前、永不放弃的精神；在赞赏运动员在赛场上竞争与超越的时候，也看到了其他同学在为班级默默奉献、摇旗呐喊。

班服文化也成为校运会的一道亮丽风景线：绿色的大水机印在胸口，师生大头像画在身后。许多学生设计班服的灵感都来自教师与同学的名字。他们利用谐音，把教师、同学用卡通图案表现出来：一位教师叫陈宇航，就在衣服上画一名身着航空服的宇航员；一名同学叫李子燃，就画一个燃烧着火焰的李子。每件看似"无厘头"的作品背后，都有一个学生和教师的小秘密，也有一份只有他们自己才懂的真情。

校运会顾名思义，都是以竞技为主的，可是在执信中学却别有洞天。重头戏是最后的"跑旗"和"捞舞"。"跑旗"是指比赛结束之后，每班领队会举着班旗，绕着操场跑道，边跑边喊自己班级的口号。有学生这样解释"捞舞"："捞舞就是古老的舞蹈，动作简单，场面既诙谐又壮观。"

校运会颁奖结束后，就是"捞舞"表演了。执信中学的"捞舞"场面非常震撼。一整个年级的学生拉上教师一起跳舞。舞蹈动作简单搞笑，以鼓点为节奏。师生就这么跳下去，跳到自己觉得累了才停下来稍做休息。之后。师生就开始搭着肩膀围着圈跳起兔子舞。他们闹，他们跳，他们笑，很有趣，很狂欢。所有的学生到那时已经不分班别，全部玩到了一起。

执信中学体育节的赛前赛后、场内场外，无不蕴含着学生们齐心协力、共创佳绩的集体精神，无不凝聚着学生们不怕困难、不懈努力的进取精神。最为宝贵的是学生们学以致用，可以将体育中这种大无畏的顽强拼搏精神融入学习中，用实际行动去解决在学习上遭遇的各种挑战，而后超越自我，最终实现梦想。

二、别具匠心——艺术节

艺术飘逸，以美育人。每年的艺术节确定不同的主题，采用不同的表演形式，一年舞蹈，一年合唱，一年综艺等，班班参加，人人参与。在"执信九五弦歌鼓舞"2016 年第 32 届艺术节决赛中，四方舞台歌声缭绕，舞姿曼妙，无数感受和欢乐在此涌动……执信中学的舞蹈团共同演绎，倾情奉上压轴舞蹈《执信荷韵》，给大家带来无限惊喜和美妙。

值得一提的是，执信中学的舞蹈团的足迹遍布欧洲、美洲多个国家，不仅表达了中国青少年对中国非物质文化遗产的热爱，而且展示出了中国学校对非物质文化遗产传承保护的重视。他们通过精彩的演出将中国优秀艺术作品展示给世界人民，让世界人民近距离地了解优秀的中国传统文化。他们是传播中华民族艺术文化的使者，秉承执信中学优良传统，展现执信学子的美好形象。

三、独出心裁——科技节

执信中学的科技节日新月异，精益求精。每年的主题不同，内容不一。2016 年 5 月 11 日下午，第 16 届"科技节游园活动"在体育馆架空层如期举行，全校两千余名师生参加了此次活动。这次"科技节游园活动"共设置五项活动与赛事，分别是 5 月 11 日科技节游园活动、5 月 19 日纸牌结构抗风赛、5 月 20 日塑料瓶车耐力赛、5 月 23 日纸担架制作竞赛、7月6日闭幕式和颁奖礼，旨在培养学生的兴趣爱好，拓宽了解学科知识和新科技应用的渠道，吸引着学生自主参与。各种各样的游戏摊前围满了学生。

8大学术类社团展示了科技的神秘，学校特邀的校外机构让学生学习到了平时学习不到的知识。高科技真奇妙，新新少年探奥妙。科技游园仅仅是活动的第一部分，更多精彩还在后头。近年来，学校在科技创新大赛、OM、机器人、环境地图、创客空间、航模（见图5.5）等方面都取得了长足进展，获得了"第四批广东省青少年科学教育特色学校"荣誉称号。

图 5.5　2014 年 5 月 22 日科技节之初中年级航空航模比赛

四、陶冶情操——社团文化节

执信中学的社团文化在广州市小有名气。每年的社团节都会吸引全校几十个社团一同参与。2017年，执信中学社团文化节已经走过10个年头。2018年，执信中学的社团文化节不仅吸引了本校学生，还吸引了全市各大中学社团代表。

学校社团联合会旗下的40多个社团（包括学术类、艺术类、体育类和竞技类）集中在操场、教学楼等位置摆摊设点。大家玩起了"飞花令"，穿上防护服做化学实验，参加哲学"知乎"讨论……每个社团都拿出了自己的"当家绝活"。

社团联合会韩海晨同学这样解释 2017 年的活动主题——"拾光"："第十年，我们愿与大家一起重拾旧时光阴，看社团由青涩到成熟，再看社团人的奋斗与努力。"

执信中学的"七大节"丰富了学生的课余生活。其实有时候不仅是课后的乐趣，只要学生足够努力，执信中学便会毫无保留地让他们发光发亮。

以艺术节为例，在 20 世纪 90 年代，有一年的元旦前夕，执信中学为 17 岁的高二学生麦苗举行了一场题为"新苗初发探春幽"的个人演唱会，开创了广州市学生个人演唱会的先河。

当天的盛况实在感人。台下挤满了 2000 多位嘉宾；台上的麦苗尽情地发挥自己的艺术才华，时而深情浅唱，里面劲歌快舞。从《四渡赤水》到《一个真实的故事》，从《滚滚红尘》到《帝女花》，从《白毛女》到《把根留住》，既有传统民歌，又有流行曲；既有粤曲，又有京剧。甜美悦耳，韵味浓郁。尤其令人兴奋的是，陈炽欣校长，黄晓斌、张群等老师纷纷走上台去，与麦苗对唱、伴舞，使演唱会高潮迭起。

这场演唱会是执信中学艺术节的一个组成部分。本届艺术节，学校还先后举行了"广东歌舞剧民乐团民族音乐会"和"历史的回顾——百部爱国主义教育片主题歌表演专场"，系统生动地表现了"百歌颂中华"这一艺术节主题。

执信中学的艺术节是执信人一年一度的盛事。艺术节自 1984 年由小荷艺术团创办以来，已有 30 多年的历史了。每一年的艺术节都围绕一个主题开展丰富多彩的艺术活动，对培养全校学生的艺术兴趣起了积极的作用。

麦苗的艺术天赋就是在一届届艺术节中被发现和培养出来的。虽然她出生于一个文艺家庭，父母从事文艺工作，但真正发现她具有良好演唱基础的却是执信中学的教师。从初中到高中，她不仅代表学校参加过多次比赛，并获得了荣誉，而且先后放歌于中央电视台《第二起跑线》和广东电视台《金色年华》等专题节目。为此，学校音乐老师温展大、刘素梅倾注了无数的心血。

人们通常会把名牌学校和书呆子画上等号。但通过麦苗的成长，我们可以看到，执信中学不仅书声琅琅，而且歌声嘹亮。麦苗不但具有很好的艺术天赋，而且体育成绩很不错，还连年被评为"三好学生"，并兼任了团委、学生会对外联络部部长等。在执信中学，这样的人才远不止麦苗一个。学校一贯重视鼓励和培养学生学有所长，全面发展，已先后为73名学生举办过包括书法、美术、科技发明等方面的个人成果展览。执信中学以厚重、大气、多元、高雅的学校文化为学生打造出了一片主动发展的广阔空间。

执信中学的教育暖心细腻，连仪式感的教育也不会错过。执信中学的"三大礼"不仅会给学生留下难以磨灭的回忆，而且会丰盈家长的记忆。校长的殷切寄语、家长的肺腑之言、教师的诚挚祝福、学生的有力表达，无不让在场参与的每一个人动容。

五、刻骨铭心——入门礼

君不见革命先辈奋步前，承先启后筑校园；君不见执信新生雄心壮，笃志力行终致远。入门礼是执信文化的一大特色，也是执信教育的一大特点。这种教育无声胜有声。入门礼需要教师、家长和学生一起参与感受。在教师的带领、家长的见证下，朝气蓬勃的初一、高一新生怀揣着激情与理想，迈入校门，登上石阶，沉浸在执信中学厚重的历史气息之中（见图5.6）。

全场肃静，学生代表手捧花束，一步一步地缓缓向前，向朱执信先生敬献鲜花。2016年入门礼，党委书记钟立在致辞中勉励新生传承"毅勇果敢以求学，改造未来之社会"的执信精神，时刻铭记"崇德瀹智"的校训，争做一名优秀的执信人。

图 5.6 高一(1)班学生跨入崇德瀹智门

"我是一名光荣的执信人，我将努力恪守以下誓言⋯⋯"全体新生举起右拳，庄严宣誓，承诺从今天起继承朱执信先生的遗志，不负孙中山先生的厚望。铿锵有力的入校誓词响彻云霄，憧憬与梦想在校歌声中飞扬。

新生代表分别发言，号召同学们积极融入执信中学这个大家庭，发扬"博闻强记，多思多问，取法乎上，持之以恒"的学风。执信中学校长何勇为各班代表授予校牌。

执信中学对新生进行为期两天的入门教育，包含校长解读校史校训专题讲座、德育及教学课程管理讲座、参观校园校史室、优秀校友分享会、入门仪式等内容。

六、青涩尽去——成人礼

18岁的孩子就要步入成人的行列了。"成人"这两个字写起来并不复杂，但蕴含的内容异常丰富深刻。此时，执信中学就会抓住这一契机对学生进行感恩和责任的教育，诚邀父母参加孩子的成人礼，要求父母为孩子亲手写一封信，旨在增进亲子感情，也让孩子懂得感恩父母的重要性。2015年10月16日，学生迎来了自己的成人礼。他们捧着鲜花，在相机中留下了青春的容颜。在这场闪耀着青春光芒的仪式中，他们还收到了一份沉甸甸的礼物：一纸沉淀着父母与他们18年美好时光的家书。

小小的一封家书经历过一个个夜晚的提笔思索和一次次敲击键盘的反复删改，带着父母的爱，迎着秋风飞到了学生的手中。洁白的信纸慢慢展开，父母的寄语与祝愿将是他们成人后最珍贵独特的礼物。

让我们一同欣赏母亲梁婷写给儿子子亮的一封信。

亲爱的子亮：

你好！

许久没有提笔给你写信了，记忆中我每年都会给你写一封信，但这次真要拜成人礼所赐，学校要求在成人礼前父母要给孩子写一封信，由此因缘，成就此札！

子亮，还记得吗，我每次给你写信，总是有感而发，洋洋洒洒，长篇大论一番；但此时此刻，我却提笔沉思，静默良久。在你即将迎来18岁的日子里，我会对你说什么呢？18年的成长岁月，你是幸运的，充满自由与欢乐，自信与阳光，遇到的每一位老师、教练都是如此优秀和富有爱心。他们对你精心培养，是值得你一生尊敬与感恩的人。

还有那些许许多多一起成长的小伙伴和朋友，不仅带给你欢笑，而且带给你更加丰富的人生。源远流长的友谊如甘露般甜美，是你美好人生中一笔巨大财富，好好珍惜。

对于那些对你寄予无限厚望的长辈，请你牢记他们的谆谆教导。他们的慈爱悲心将是你前行的动力。

诚然，你在成长的道路上，也遇到过许多困难与困惑，也有汗水与泪水，但是你都能不畏艰辛，沉着应对，有着坚强不屈、勇往直前的勇气，这是让我感到甚为欣慰的。

作为母亲，我更要感谢你。在陪伴你的岁月里，我也不断成长成熟，不断充实自己，感谢你带给我们无穷的欢乐与惊喜。

最后，送给你几句话：18 岁在法律上已是具有完全民事行为能力人了，你要对自己的所做所为负全部责任。希望你成为一个有责任感、有担当、对社会有贡献的人。祝愿你始终保持一颗快乐感恩之心，向着自己的美好目标，勇敢迈进，祝梦想成真！

爱你！爱与你同在！

母亲：梁婷

2015 年 10 月 12 日秋夜

七、脱胎换骨——毕业礼

晨光流宇洒绿瓦，夏风回塘戏红花。执信情深难忘，青春扬帆起航。

但凡参加过执信中学毕业礼的人，都会发自内心喟叹：执信中学不愧为百年名校，从历史文化到人文情怀，从策划到组织，从校长到教师，从开场到结束，每一个细节都会深深镌刻于师生的脑海中。2017年的毕业礼以"执信情深难忘，青春扬帆起航"为主题，于执信中学校体育馆内举行。主席台前高三学子整齐有序，严装以待；四周台阶上的家长错落有致，目含期待。出席本次毕业礼的有执信中学校长何勇，书记钟立，副校长陈民、刘玲玲、黄艳、彭斌，工会主席李少明等校领导，以及年级长刘琴、周庆民。此外，学校还邀请了 1980 届校友陈俊伟先生，家长代表曾木圣先生。典礼由德育处主任林间开主持。

毕业礼的程序基本相同，奏唱国歌是首要任务。2017 年也不例外。待林间开主任话刚落音，体育馆全体领导、教师、学生和家长全体起立。激昂的国歌令毕业礼充满庄严肃穆之感。

礼毕后一如既往是执信中学校长何勇发表讲话，2017 年的发言主题是"养大格局，成大境界"。2014 年，何勇校长给学生们上了进入"崇德瀹智"之门的第一课；今天，何勇校长再次给学生们上一堂人生课。何勇校长通过自己观察到的两件小事高度评价本届高三学子所具有的独立人格、开阔视野和责任担当意识，同时指出心有所思而后才有所动，希望学生们能够以正确的义利观对待自我实现的欲望。最后，何勇校长希望高三毕业学子能够广泛学习，读有字书，读无字书，读心灵书，然后书写属于自己的、属于执信中学的、属于时代的辉煌。

　　胡适先生曾说过，教育是给人戴一副有光的眼睛，能明白观察；不是给人穿一件锦绣的衣服，在人前夸耀。何勇校长正是扮演着学生的人生导师的角色。他深知自己不能永远陪伴学生，便用真挚的口吻来告诫学生，让他们能对当下及未来进行反思。

　　紧接着，家长代表高三5班曾嘉毅的爸爸曾木圣先生发言。他代表家庭后盾，从父母深情角度对学生的未来寄予厚望。广东省优秀学生高三(2)班潘祎昕同学作为学生代表，讲述了自己从"奔跑高一"到"思想高二"再到"奇迹2017"过程中成长蜕变的酸甜苦辣。执信中学1980届优秀校友、力讯投资源创投资公司董事长、广州力讯投资集团创始人蒋俊伟以美国总统克林顿和自己的故事与学生们交流了18岁前后的区别及担当与责任对于人生的意义。以上的讲话从不同的视角、年龄及身份来启发学生的思考，这有利于开阔学生们的视野，增加学生的生活阅历。即使有些事情自己没经历过，但从别人的故事里，或多或少能受些鼓舞，也能看清些未来。

　　毕业礼第六项内容是彭斌副校长宣读2017届优秀高中毕业生名单，同时会邀请主席台上的领导和嘉宾为优秀毕业生代表颁奖。最后彭斌副校长举钱理群先生《示众》一书中的"慢而不息"精神，希望高三毕业学子能用韧性、坚持对待人生。可见，执信中学对优秀的人从不会吝啬夸奖。学子们一旦受到鼓舞，便更有信心面对未来。

　　年级长刘琴老师的发言感动了全场的每一个人。她称："我不愿做老师，是因为我无法像往年一样面对这空荡荡的教室。"饱含深情的诉说，已近抽泣的语调，让在场的师生无不想起3年里那个风风火火、严谨认真的级长形象。刘琴级长给大家分享了四个关键词：

　　好奇：一开始对高一新生的期待、盼望。

　　充实：奔跑高一、思想高二、奇迹2017，一年一超越。

感谢：感谢家长，高三全体老师还有这些可爱的学生。

希望：愿高三学子有责任、有担当、有集体意识。

刘琴级长的讲话结束后，会场再次响起来热烈的掌声。这是对把教育当作事业的鼓励和支持，也是对高三所有教师的感恩。

毕业礼接近尾声时，2017届全体毕业生、家长委员会会向执信中学赠送椅子；学生向嘉宾、领导、教师、家长代表送鲜花；全体高三学生向教师行谢师礼，向家长行感恩礼；何勇校长向高三毕业学子颁发毕业证书（见图5.7）；学生劲舞社表演节目《终极》；师生集体朗诵《不曾离开，路在远方》。

图 5.7　何勇校长为学生颁发毕业证书

最后，全体师生起立，唱校歌《前进在先烈路上》。2017年的毕业礼有别于往年。当主持人宣布毕业礼结束时，学生们并没有像往日那样鱼贯而出，而是久久未能离去。正如林间开主任主持时所言：今天是一个难忘的日子。3年前，你们怀着梦想踏入"崇德瀹智"之门……在这里，经过3年的文化浸润，你们拥有了一个响亮、自豪、令人羡慕的名字——执信人。

整个毕业礼下来，规整的流程里穿插着感人的回忆。无论是聆听校长的讲话还是高唱校歌，都会击中师生的泪点。曾经觉得时间过得很慢，像邮递马车，毕业总是遥遥无期，但这一天就这么猝不及防地来了。走出校门，脱下校服，他们再也不用走进执信中学的教室，但他们不会忘记毕业礼那天的感动与流下的热泪，也不会忘记那些年披星戴月为梦想拼搏的热血。比这些更重要的是他们骨子里留下的那些执信中学的人文精神，执信中学的教育理念。这些将一路伴随他们，让他们受益终身。

第五节　研精致思　语惊四座

"辨者，将以明是非之分，审治乱之纪，明同异之外，察名实之理。"[①]一言之辩，重于九鼎之宝；三寸之舌，强于百万之师。可以说，辩论充分检验一个人是否具有批判质疑精神，体现一个人如何发现和认识真理及是否拥有良好的口才和应变能力，在某种程度上能较好地反映学生的认知素质发展。真理在实践中得以检验，在言辩中越辩越明。种种利益的归属也在言辩中得以确定。执信学子由于接受素质教育的出色培养，因此在辩论舞台上的表现也是精彩动人。

在 2017 年 7 月 19 日下午结束的全国最高规格的中学生华语辩论赛事——苏州大学"东吴杯"第六届全国中学生辩论赛（以下简称"东吴杯"）中，作为广东地区代表队之一的执信中学一路过关斩将，最终以 13：8 的比分赢得冠军。同时，高二(4)班黄丹璐同学获得"单场最佳辩手"称号。

由苏州大学主办的"东吴杯"是国内规格最高、最具权威性的中学生辩论比赛。此次比赛共吸引了 15 支来自国内各个地区的顶尖队伍参加，其中不乏青岛二中、苏州中学、北京中学、东莞中学、东华高级中学等知名学校。同时，组委会邀请了高校辩论队教练和一线顶尖辩手担任评委。作为一个供高中学生辩论的交流平台，无论从参与的队伍还是从评审的阵容来说，在全国范围内无出其右。

---

① 《墨子·小取》

本次赛事分为小组赛、半决赛和决赛 3 个阶段的比赛。在小组赛中，执信中学辩论队险胜东华高级中学，成功晋级半决赛。在半决赛中，执信中学辩论队以 10：5 的比分战胜了劲敌全国赛冠军与新科世界冠军——广东东莞中学，成功挺进决赛。

决赛中执信中学辩论队对阵上海市建平中学，双方就"于社会而言，除恶重于扬善/扬善重于除恶"的问题展开辩论。执信中学队员天赋出众，展现了执信学子的风采。富有哲理且富有现实意义的辩词让每一位观众频频点头。凭借着更高一等的立论框架和对辩题更为深刻的理解，执信中学最终以 13：8 战胜了上海建平中学，获得了本次赛事的冠军。

黄丹璐同学发表夺冠感言时说，一直以来学校秉持着"主动发展"的育人理念，重视对学生思辨能力的培养，支持 EDUS 辩论部与校辩论队的发展建设，给予学生充足的机会参与"东吴杯"全国赛、"亚洲杯"国际中学生辩论赛等比赛，涌现出一批学习成绩优异、综合素质较高的辩论队员。

可以说，这体现了执信人永远追求卓越，永远追求走出自己的小圈子，永远要奔向更大的舞台，永远要奔向更好的世界，永远谦卑却不言放弃的精神。更重要的是，无论是个人的表现还是团队的协作，都体现了素质教育不是纸上谈兵，而是落实实践。

比赛全程下来，参赛队员和后勤队员团结一心，展现了极佳的团队风貌。在后来的采访中，口齿伶俐的队员们也是应付自如，说起备战比赛的过程与感激的对象更是滔滔不绝，其中不乏真情实感的动人之处。

辩论队队员高一（1）班的曾子洋说：

比赛时的口号萦绕耳畔，响彻云霄："一支队伍就是要?"——"在一起!""赢了要?"——"在一起!""输了要?"——"在一起!"全国赛的舞台上，个个是强者，役役为苦战。一年来我跟着队伍四处征战，也终于对这个口号有所体会。一场比赛凝聚了太多太多人的努力，上场队员竭尽全力地拼搏，模辩陪练组绞尽脑汁地预设对方架构，同地区学校好友倾尽全力地支持，不得不让人心生敬佩与感激。

　　我未曾听过学长们的说教，只是从他们的举止中感悟成长，竭尽全力背负起应有的担当。犹记得在 2011 年 11 月"南开杯"新生赛赛场上，上届队长给我们 4 个即将上场的高一队员递上 4 瓶水，瓶盖都已经被提前拧开了。今年全国赛决赛之前，我给要上场的高二高三学长学姐递水时，把瓶盖都拧好才递给她们；帮队员准备礼仪服和皮鞋时，总是翻来覆去地数很多次以免漏了谁；拿起相机给正在备赛的队员录影时，生怕快门声打扰了那份热情与专注，只敢从侧面偷偷地拍几张。我终于体会到那般感受：能为上场的队员做点什么就努力去做吧，哪怕只是一点点；能让上场的队员少费点气力就好，哪怕只是轻微的细节。

　　或许这就是传承。正如换届仪式上，上届队长黄丹璐所说的："我们对你们好，是因为我们的上届学长学姐对我们很好，以后你们也要加倍对自己的学弟学妹好。望在以后的日子里能继续与其他队员携手共建更好的执信辩论队，共同促进广东地区辩论圈的发展壮大。"

　　队员高一(14)班的郑一阳说："这次比赛全程都是作为模辩组来准备的。我们需要站在对方的立场，思考对方想讲的东西，然后被正赛组一一驳回。看着自己的论点被正赛组一一驳回，说实话心里并不好受。但我们知道，我们的付出、我们的牺牲都是有价值的。我们愿意为队伍付出，是因为我们付出得越多，我们离冠军就越近。也许我们默默无闻，但我们却无比重要。既然选择了远方，便只顾风雨兼程。"

　　队员高一(6)班的龙亦宁激动地说："与这支队伍四处征战一年来，除辩论技术、逻辑思维能力的提高之外，于我而言，更重要的是收获了一个家。这里有刚高考完的学长学姐回来陪我们打比赛；有已经毕业多年的前队长给我们送来慰问与祝福，帮助我们破题立论；有队员之间的相互友爱、彼此坦诚。多年以后，可能我不会记得中学时代参加过一个怎样的比赛，得到过怎样的成绩，但我永远会记得那段时间的共同成长给我带来的不可复制的笑容与欢乐。A Team Means A Family!"

　　作为单场最佳辩手，高二(4)班的黄丹璐总结道："这次比赛，有很多要感谢的。感谢苏州大学给我们提供了这样一个平台，让我们可以和众多顶尖强校进行交流；感谢组委会有条不紊地组织工作和热心的志愿者给予了很多帮助。更多的是感谢队友们，他们也许不能上场比赛，甚至不能来看我们的比赛，但一直都在为正赛组很辛苦地准备模辩。正是因为他们，我们才会对对方的论点有了了解和印象，为之后的胜利奠定了坚实的基础。同样令人感动的还有来自广东地区的其他队伍大家。虽然来自不同城市或不同学校，但是都能够团结到一起为了冠军而拼搏。哪怕场上是对手，场下也依旧是互相信任的好朋友。这次的胜利不仅是执信中学的胜利，更是广东省的胜利。"

高三(15)班的梁睿昕语重心长地说："有一位辩手说过，打辩论的人都对辩论有一种宗教式的热爱。在很多辩论队，毕业了的学长学姐都会回来，只是希望把从这里学会的知识和从这里体会到的精神继续传承下去。从高一的时候那支只有6人的队伍，到今天三届队员共赴全国赛，我们在一点一点实现当初的豪言壮志。三年，欣慰于看着这个心心念念的地方一点点成长。它成长的背后是一代代人的坚守，是教练和老师的付出，是广东省其他队伍的帮助，是那一位位没有上场却认真帮助准备每一场比赛的队员。每一年，老队员们尝试着为之后的队员们营造更好的环境，创造更高的平台，但接下来这条路可以走多远，就靠你们了。一切都只是开始，无论是失败还是荣耀都只属于过去。你们的时代等你们开创。"

纵观今天执信学子的发展状况，我们想说，没有最好的教育，只有合适的教育，也唯有合适的教育才能被称为好的教育。

执信学子在执信中学得以张开自由之翼，以其兴趣，以其特长，在学习的碧空里翱翔。他们知书达理，他们个性张扬，他们不忘师恩，他们成人成才。恰同学少年，风华正茂，我们在执信学子身上看到了中华民族的未来，看到了"少年强，则国强"的骄傲与荣光。

第六章

今日之我　昨日之我

爱因斯坦曾说，青年人在离开学校时，是作为一个和谐的人，而不是作为一个专家。这里的专家意味着学习达到登峰造极的人；和谐的人除了在学习上拼尽全力外，更要在人格上楚楚不凡，达到刘禹锡所说的"惟吾德馨"的境界。执信学子纷纷表示："今日我所获得的殊荣离不开昨日我在校园内的成长积淀，离不开老师们用心良苦的引导教育，离不开校园里精彩纷呈的社团活动，离不开学校精心搭建的多功能大舞台。"

　　执信中学的校园生活也好，社团活动也罢，确实别具一格，与众不同。它们遵循学生的成长规律，尊重学生的意见，以民主包容的态度积极配合学生，合理安排社团活动。经历过几十个社团活动的体验，执信学子不仅具有深厚的人文底蕴、严谨的科学精神，而且会以积极的生活态度去感染周边的人，以健全的人格融入社会，尽己绵薄之力去帮助有需要的人。最为让人感动的是，执信学子离开母校时，仍不忘继续发扬传播执信精神，尽力做最好的自己去追寻诗和远方。有专家说，有效的教育具有滞后性，执信学子的优秀让我们有了深然感悟。

　　一时执信人，一世执信情。这就是执信中学的魅力。执信学子心存感恩，满怀感谢，常怀感激。访谈中，他们感慨万千："我们无论是身在校园出名，抑或是离开校园成名，都会以'学在执信，此生为荣'的姿态展示自己。"

执信中学总会给人不同的感觉。身为旁观者，你能充分感受到强烈的生命力和求知欲，能搜寻到五彩斑斓的生活迹象。在执信中学，其教育是"有机"的，一个个"绿青蛙"在校园里活蹦成长。所谓"有机教育"，就是把教育看作一个自然有机的过程，看作一个鲜活生命成长的历程。它的首要原则是也是它最重要的原则是视学生为鲜活的生命，其次是视五彩缤纷的生活为教育的唯一主题。

同龄学生在校期间所学的内容毫无二致，为什么走向社会后差距会这么大？问题出现在哪里？

执信中学向来重视对学生核心素养的培养，以培养全面发展的人为教学改革核心，将文化基础、自主发展、社会参与三个方面的教育融入其中。所有的活动设计都会围绕人文底蕴、科学精神、学会学习、健康生活、责任担当、实践创新六大素养，切实为学生的健康成长奠定了夯实的基础。

第一节 公民意识 家国情怀

执信学子终于告别"白饭鱼（白布鞋）"，穿上"执信鞋"了。多年来，除了"青蛙装"让执信学子有高辨识度外，"白饭鱼"也是执信学子的一个标志。然而，在 2012 年，"白饭鱼"被学生革命了，这源于校长接待日制度。这个制度是面向全体学生的民主制度。学生对学校有不满意的地方，或者要向学校管理者提出建议，都可以在校长接待日敞开心扉，向校领导直抒己见。当年学期末，在校长与学生记者面对面会议上，学生记者提出了"白饭鱼"的不足，如摩擦易起水泡、厚茧等，要求学校为学生设计一款新鞋。这个提议马上被何勇校长接纳了，何勇校长立即找有资质的公司根据要求设计了"执信鞋"。

舒服、轻便、弹跳力好。刚上完体育课的学生一致认可这项被争取来的"福利"。

校长接待日的摆摊活动是执信中学的传统，一般在周五下午举行。

学校总务处、教务处、德育处、办公室等部门的负责人都一同来到元培楼架空层摆摊，接受学生的自由"问政"。对于学生的问题，学校会在一定时间内百分之百做出回复。何勇校长表示，校长接待日旨在拉近学校与学生之间的距离，让广大学生参与学校的发展建设，从而提高学校的教育教学质量。校方以平等的态度积极搭建这一交流的平台，使校长接待日常态化，这对推动执信中学民主建设起到了积极作用。

公民的权利和义务及如何培养适应民主社会的公民，一直是现代学校教育关心的焦点问题。学校作为社会的一个重要组成部分，应该为培养学生的民主意识提供一个民主的环境。学校营造民主环境的目的在于帮助学生学会过民主的生活，进而形成民主的意识，为将来成为合格的社会公民打下良好的基础。在执信中学民主氛围熏陶下成长的学生的视野会更开阔。他们不仅关心自身，而且放眼于他人，能够建立同理心。

"学校运动会的时候，保安、清洁工人为我们提供了不少服务，为什么学校不组织他们参加教工运动会呢？他们是学校的一分子，是否下班后也可以到图书馆去看看书呢？"这是在其中一个校长接待日上，学生们轮番为校工"讨福利"的片段。

诗媛同学尤其关心学校后勤人员的生活。她曾为此"采访"了学校的一些校工，了解了他们的需求，把校工的需求带到了校长接待日上。当她提出学校也应该把校工组建起来参加校运会，同时允许校工到图书馆阅读时，学校总务处的老师表示，学校一直以来都有教职员工运动会，当然也包括校工，学校的图书馆是对教职员工开放的，包括校工也能入内看书。"那校工没有借书证怎么办？"诗媛接着问，总务处的老师表示："教职员工不需要借书证也能入内借书。""但是，这个政策校工们都知道吗？学校有没有向他们宣传过呢？"诗媛继续发问。

现场这样轮番发问、不依不饶的学生很多，学校管理者们都一一耐心作答。也有学生在意见表上写了详细的建议，并且留下姓名和联系方式。面对学生们"轰炸式"的问题，学校党委副书记兼副校长彭斌却笑道："学校没什么压力，他们才是学校的主人。我觉得对于学校来说这是一种动力，而不应该是一种压力。"执信中学非常重视学生提出的问题，也会认真对待，会用专门的形式去解决问题，如做成会议纪要并具体落到实处，安排相关人员跟踪解决。正常情况下学校在两周内可以给学生完整的答复和反馈。

彭斌表示，以前执信学子反映教师拖堂的问题，学生就发明了"举牌子"的方法。一般在教师拖堂一两分钟后学生就会举牌子，告诉教师该下课了。"我觉得这就是一种和谐的方法，解决了教师和学生之间的冲突。"学生们做的牌子也是各式各样。"学生其实是很聪明的，他们的方法比我们的多多了，他们想的方法往往也是我们想不到的。"

公民意识的萌芽不止限于校园，还可以走向社会或者走得更远。高中生邓一杰的举动就是一个很好的例子。2012年，执信中学高二学生邓一杰做客电视台的《沟通无界限》节目时，与广州市安监局局长的对话尤其引人注目。这缘于他给广州市市长写信呼吁管制危险化学药品一事。

邓一杰坚信，很多事并不是他一个人的事，而是所有人的事。他曾买来500g金属钠做实验，两粒黄豆大小的钠发生剧烈爆炸。他一直心有余悸，后怕的不仅是爆炸，而且是化学药品被不法分子利用。因为他买的时候无须任何登记，还顺利乘公交转地铁回到了家。

一天晚饭时，邓一杰说要写信给市长，反映化学药品管制漏洞。"饭桌议会"讨论通过后，爸妈叮嘱他先暗访取证再写信。

6月的一天，邓一杰收到市长的亲笔回信。市长批示了整改意见，并转呈安监局具体解决。随后，安监局调查后，开始对危险化学药品购买实行配送制度和实名购买制度。

当"小鬼"居然做出了大事情时，爸妈都有些惊讶，但邓一杰却淡定地说："尽到自己的本分。"

邓一杰说，他不相信狼性社会和丛林法则，他相信每个人都必须关心这个和自己密切相关的社会。他去图书馆做义工馆员，在学校当义务电教员，关注"举牌哥"陈逸华，关注4个反对高考性别歧视的"光头女"。他还强调自己不是愤青，只是乐见各种声音，和而不同。

当被问起人生理想时，他说："做一个对社会有益的人，这就是我的理想。"

高中生邓一杰认为，自己还是公民邓一杰。

第二节　关爱宠物　珍爱生命

这里，有一群因为执信中学的宽容而特立独行的猫。

踏进执信中学校门，石阶上、生物园的草丛里，随处都有猫的身影。它们或者悠闲溜达，或者互相追赶玩耍，或者伸懒腰舒展身体，或者眯着眼睛打盹，这早已成为执信中学的一道风景线。"在我初一入学的时候这些猫就已经生活在这儿了，平时我也会关注它们在草丛边嬉戏，感觉它们一直在陪着我成长。"初三的学生小陈笑着说。学生们对这些猫疼爱有加，经常自带猫粮来喂它们。据校方介绍，该校最多同时进驻了20多只流浪猫，人猫共处成为校园一道奇特的风景线（见图6.1）。它们是执信中学师生手中的宝。有爱有趣的师生在喂养这些猫的过程中也收获着和谐包容的生命教育，产生了很多共同的回忆。

图6.1　爱心生物园

流浪猫课室产崽曾轰动校园，一度成为校园网站的头条新闻：Billy当妈妈了，三只猫宝宝分别叫"执到金""执到银""执到宝"。不少学生纷纷留言："最近一年的时间我坚持喂Billy，她比较喜欢牛肉味的猫粮。孩子的爸爸是一只非常安静的猫，从来不挠人、不咬人。"

喂养猫，与它们玩耍，也为学生们平添了许多生活乐趣。一名学生说："这些猫也有调皮捣蛋的时候，会在同学们上课时突然闯入教室，或者是在走廊上'喵喵'地叫。学校便把它们当作重点看护对象，及时遣送出教学楼，避免影响同学们学习。有一次，同学们上学时惊喜地发现教室里有大猫在产仔，这个班级随即引起了其他班级的羡慕。"

人猫共处会不会存在卫生隐患？如何保障师生安全？执信中学想了很多办法。一位教师称，当第一只流浪猫闯进执信中学校园的时候，校方就考虑到卫生问题，把猫赶了出去。结果遭到学生抗议，理由是学校的做法不厚道。"考虑到学生的情绪，我们就不再提出把猫送出去了，而是定期送猫到宠物店洗澡、打疫苗等，甚至还让专业人士来给母猫做节育手术。我们学校曾经有20多只猫，这些猫的繁殖能力太强了，我们确实吃不消。"

同时，校方还联系了广州关爱动物服务中心，请求该中心与学校一起"打理"校园流浪猫，还把部分流浪猫送往该中心。

让猫进校园，这是生命教育。执信中学唐穗芳老师认为，现在的独生子女没有小伙伴，不知道照顾别人，学会照顾小动物也是好事。她9岁的儿子因为学校有猫，所以跟妈妈说以后要报考这所学校。

当然，允许猫进校园，也会不可避免地出现一些问题。学生黄亦凡说，有一件事在她们班里发生了两次，一只猫抓了一只鸟，把鸟拖进了课堂，很血腥。对此，学生们展开了热烈讨论。"我们也没有强迫其他的同学持同样的观点，既然猫捅了娄子，我们就尽快帮它收拾善后。老师和同学的宽容让我们与猫和谐相处，这是很好的生命教育。"

执信中学微信公众平台的《猫的特立独行与执信的人文情怀》在执信中学影响很大，广为传播，代表了学校对猫的基本看法。文章的作者就是语文科的钱丽老师。她说，执信猫的特点是高冷，一副精英做派，不给吃的就不让拍照，这是食住无忧、生活美满的结果。

钱老师在文章中写道：与猫和谐共处的时光里涌动着许多的感动，善良的执信人精心地照顾着这些小猫，仿佛在照顾一个孩子。贴吧上还有毕业的校友细心地叮咛师弟妹们：某猫喜欢牛肉味的猫粮，不喜欢海鲜口味，还不忘叮嘱一句"不费钱，两斤可以喂整年！"这是有怎样的爱才能如此贴心啊！很多时候，爱的教育并不是空泛的口号，它具体在每一个细小的举动中：给猫群提供一个安身之所，细心地照顾猫群的起居生活，给猫群一个允许它们特立独行的自由天地……这都体现了执信人的温柔与善良，包容与博大，以及众生平等、善待生命的人文情怀。

第三节　明星少年　品学兼优

谈起执信中学的明星学生，的确有不少，但其中有一个绝对是绕不过的，那就是关天朗（见图6.2）。2012年，关天朗入读执信中学初中。2013年，14岁的关天朗以高尔夫球300杆的总成绩结束了首次美国大师赛之旅，在61名晋级球手中名列第58位，并获得最佳业余球员的荣誉。他刷新了美国大师赛最年轻球员的参赛纪录、最年轻球员的晋级纪录和最年轻球员获得最佳业余球员的纪录。这位世界高尔夫球坛的明日之星在学习成绩方面同样也是佼佼者。在高手如云的执信中学，关天朗的成绩也排在年级前列。关天朗学习练球两不误的成功经验为学校的体教结合探索之路提供了借鉴。

图6.2　关天朗

刚进学校时，关天朗坐在课堂的最后一排，同学对他的评价是"来无影去无踪"。他的同学这样说过："他几乎每次都是神秘出现在班里，就比如我们上完早读课后，不经意回头一看，发现他回来了；然后上完一两节课后，再次回头看时，发现他又走了。"班里同学和教师早已习以为常。

让时任班主任钟老师印象最深刻的是，关天朗第一天到校竟然就是为了请假。"当时他请假是因为练球要缺席开学典礼。后来知道他的情况后老师们也习惯了。最多时他会请假一个多月，最少也要请半天假。"

尽管关天郎不是作为特长生特被招进执信中学的，但学校对天朗的特长训练相当宽容。"只要是他要训练，要打比赛，我们都会准假。他落下的功课会有同学电邮作业给他。"在班主任钟老师眼中，关天朗很沉稳很大气，相比其他同龄孩子也更成熟，尤其是聊到他喜欢的球时会很专业很来劲。

每次见到老师，他都是一声"老师好"，没有多余的话。性格有点内向的关天朗让老师们觉得他很憨厚。尽管在课堂上，关天朗几乎没有举手发言过，但老师会故意提问他。"我有时会说：'哟，天朗回来了，要不这个问题你来回答好吗！'他没有拒绝，这时学生们都为他鼓掌，最后不论他回答得正确与否，学生们都报以热烈的掌声。"

虽然关天朗未能每天到校上课，但每周布置的作业他都不会落下。周末时他的姑姑会来学校取走这一周布置的作业，关天朗会在家完成作业。因担心课业跟不上，关天朗有时还会拿着写得满满的一份《数学导报》习题主动要求老师帮忙批阅。有时为了完成作业，去练球的途中他也会在车上写作业。

由于常年在外练习和打比赛，关天朗在学校参加的大考小考为数不多。令钟老师印象深刻的是，有一次期末考试，关天朗考出了年级第19名的好成绩，登上了学校年级"红榜"。

关天朗的准时让所有教师印象深刻。他每次到达学校的时间几乎都是上课前5分钟，离开学校的时间一般是下课后5分钟。

"初中生做到这一点很令人惊讶。他把时间卡得很准，不是 3 分钟、4 分钟，而是每次都卡在 5 分钟。这说明他在时间安排上有很好的规划，而且执行力非常强。"关天朗初二、初三时的班主任姚欣老师说。

在微博上与网友们微访谈时，关天朗和网友说了自己一天的时间安排：早上 6：30 起床，7：15 上学，下午 5：00 放学后练球，晚上花一两小时写作业。当然这是相对理想的生活作息安排。有时面临比赛，还是需要花更多的时间在练习上的。在备战美国大师赛期间，关天朗在接受媒体采访时介绍，自己每天上午 10 点到达球场，一直练球到下午 7 点左右，其间就简单吃个午饭。

每当关天朗在学习上遇到难题时，他就会通过网络通信工具向教师请教，直到弄明白为止。所以，关天朗每次来到学校上课，都能跟上学业进度，甚至对当堂课讲的内容都有预习。

初三毕业前夕，关天朗与入学时的成绩相比并没有退步，还被评为了"文明执信人"和"优秀毕业生"。作为关天朗初二、初三两个学年的班主任，姚欣老师如此分析关天朗的成功：第一，关天朗是一名综合能力比较强的孩子，他有能力兼顾训练和学习；第二，家人为关天朗制订了科学、合适的学习计划，家庭教育非常成功；第三，学习高尔夫球，需要家长既有一定的经济基础又有时间，关天朗的父母做到了；第四，关天朗遇到了一个能为他量身定制教育方案的学校。

在班主任姚欣看来，关天朗的健康成长离不开学校的因材施教。他与同学产生的互动教育，也是对学校教育理念的"反哺"。通过关天朗的成功，班上的同学可以切身体会到学习并不是大家唯一的出路，拥有一技之长也可以走向成功。反过来说，像关天朗这样优秀的人依旧非常重视学习，大家更没有理由放松学业了。

第四节 游骑兵队 志坚行苦

执信中学有一支游骑兵队，帅气威武，声名远扬。

2010年8月21日，执信中学游骑兵美式橄榄球队成立，这是广州市第一支高中美式橄榄球队。值得骄傲的是，队员们不仅在球场上冲锋陷阵，而且保持着突出的学业成绩。许多已毕业的队员们目前就读于美国斯坦福大学、加拿大滑铁卢大学、英国帝国理工学院、浙江大学及中国科学技术大学等国内外著名学府。

很多人开始练习橄榄球，只是因为觉得扔球、接球很帅气。游骑兵队的创始人夏文罡一开始也有这样的想法。2010年他在执信中学读高二，开始打橄榄球。夏文罡说："其实当时只有我喜欢美式橄榄球，一开始也没想过要成立队伍。当时，我就读高二，在篮球场上过得挺郁闷。于是，我开始想有什么方法可以让自己当上队长。我想到了相当冷门的美式橄榄球。后来，打了几次之后，我组建了队伍，真正开始了比赛，也算是为执信中学留下一点值得纪念的东西吧。"

打橄榄球后，他开始思考能为执信中学留下什么东西。慢慢地，"建立一支让执信中学为之骄傲的队伍"这个想法开始坚定，也一直支撑他坚持下去。在同学受伤时，自己坚持拓展这项运动；在好友打退堂鼓、成绩遇到瓶颈、父母要求不再打球时，他都咬牙坚持下来了。

"我曾经花很长时间去思考这个社团的使命究竟是什么。如果说它的目的仅仅是给大家提供一个下课后出出汗吹吹牛的机会，甚至是逃避作业和学业滑坡的借口的话，大家完全不用浪费时间到训练上来。"夏文罡说，"我们的训练对于一般的高中生来说还是挺辛苦的，要付出很多。周五放学，一般同学会打篮球、约会、回家打游戏、睡觉，而我们却要进行重复、枯燥、累人的训练。但我们能从训练中学到做其他事情所学不到的东西，这才是最重要的。"

执信中学的橄榄球队叫游骑兵队（Rangers），源自美国特种部队第

75 游骑兵团。纪律是游骑兵队格外重视的。夏文罡说，他希望这个橄榄球社团、游骑兵队有一天能成为执信中学的名片。这个目标或许还很遥远，但至少已经有人因为游骑兵队而选择到执信中学读书，如黄靖、方各和郭远帆就是其中的代表。他们介绍，广州市目前有八九所高中有橄榄球队，之所以选择执信中学，是因为这里有游骑兵队。"名字也帅气，感觉比其他学校正规很多。另外我们的纪律特别严明，管理是很有力度的，训练的时候要求队伍整齐。也不是说其他学校训练不好，但我感觉纪律性没我们好，我们会有明确的训练计划，明确的位置分工，甚至有人专门研究战术。"夏文罡说。

夏文罡希望游骑兵队通过宣传球队的纪律和精神，告诉队员们和他们身边的朋友们怎样成为一个优秀的执信人。2013 年，夏文罡选择到美国留学，但继续担任游骑兵队的教练。他会通过网络跟踪球队的训练进度，暑假回来他会带队训练。

前往美国前，夏文罡和队员们说："我本来只是一个成绩很不理想、做事情只有三分钟热度、很浮躁的学生，正是从橄榄球场和游骑兵队这里，我学到了很多终身受益的东西，我的人生也因此朝着更好的方向发展。我能带队打出什么样的成绩，也许根本不会有人在乎；但我能给我的年轻的队员们带来什么样的长远影响，为他们的一生带来什么样的启发，这个才是我真正看重的。"

夏文罡说："虽说我们只是一个小小的社团，但当我们的影响可以让越来越多的人变得更强壮更优秀时，谁说我们不是在改变世界呢？"

在夏文罡心目中，他真心希望游骑兵队能成为执信中学的名片。对于队员们的改变，夏文罡表示最简单最直接的体会是认真参加训练的队员都培养出了一种领袖的气质；其次是他们在面对生活中的困难时会更有勇气，也比其他人更懂得团队合作。

球队沿用了美军游骑兵团的格言："游骑兵，做先锋"（Rangers, lead the way）。队员们把"做先锋"这句话当作他们的人生信条，在赛场上所向披靡，希望在将来用出色的业绩引领时代潮流。

第五节 青草公益 助人助己

"从执信入国内名著名学府，继而漂洋过海，游走于世界各地著名大学，这样的人不在少数。但从执信这个'崇德瀹智'之门直接跨过太平洋，跨进美国，而且还是哈佛的，向芯同学应该是第一人。"这是执信中学的一位教师在校内网里的留言。

图 6.3 向芯

2009 年，执信中学高三学生向芯（见图 6.3）被美国哈佛大学录取，成为近年来广州市中学生留学哈佛的第一人。

向芯认为，在执信中学三年的高中生活中，自己发生了质变。"如果没有这个转变，我想我是不会被哈佛录取的。"向芯"自揭家底"。她说自己在上高中以前是一个很文静、很内向的女生，喜欢画画、看小说，放假或者周末的时候可以整天待在家里。

"我以前不喜欢说话，尤其是不擅长跟陌生人打交道。"向芯说，"打开我话匣子的是学校的社团组织 EDUS。其中，我在'模拟联合国'活动中收益良多。"

"模拟联合国"需要学生扮演各国外交官的角色，共同处理一些国际事务，或解决国际难题，这样的平台让向芯打开了视野，学会跟不同文化背景的人交流，练就了好的口才。从高一当上历史科代表起，向芯的"头衔"有增无减：学校公关部副部长、WDES社团社长、班长。

很多女生上了高中以后都不愿意当学生干部，尤其是理科班的女生。但向芯表示，自己在学校的社团里一开始就玩得很开心，后来组织活动时，更想让同学们也玩得开心。几乎每天中午，她都要忙社团的工作、开会、搞策划，晚上有时还要忙着外出拉赞助。

活动虽然频繁，但丝毫没影响她的学业。多次大考在全年级均名列前茅，并获得化学竞赛市二等奖、生物竞赛获省一等奖、生物全国联考一等奖。向芯觉得当班干部最大的帮助就是煅炼了自己的理性分析能力。

学习成绩一向这么好，应该没什么挫败感吧？向芯却出乎意料地表示，自己时常有一种失败的感觉，不是因为考得不好，而是觉得标准答案有问题。她说："我不会因为它是题目的标准答案而去信服它，我有时会觉得一道题目应该有比标准答案更合理的解释。"

有自己的想法，这是向芯自小就养成的习惯。当医生的父母从小就给了向芯一个自由的空间：喜欢画画，就让孩子一直画下去；练了一个学期的小提琴，感到没兴趣了，说停就停；小升初，或者中考，向芯喜欢考哪所中学，都是由她自己决定的，父母从不干涉。"父母支持我有自己的想法，即使到最后我做的决定是多么愚蠢，他们也不会说半句不是。"向芯说。

与哈佛的面试官在香港进行的面谈原本只需要45分钟，可向芯却破例地获得了3个多小时的面谈时间。"我们谈学校，谈专业，谈自己喜欢的科目，无所不谈。我想面试官是想了解我的成长背景和学习经历是否适合在哈佛就读。"向芯表示，闲谈之间，面试官说出了最终决定录取她的原因是她一直没有被制度局限。除了学习外，她的综合素质也比较强，她的个性、思维方式跟哈佛的教学理念很契合。

一个注重综合能力全面发展的学生，看到的世界会更多元化，关注的焦点会与同龄人有所不一样。就在毕业的那一年，向芯和同学王向一起创办了"青草"公益团队。"青草"最原始的想法来源于执信中学绿色的校服，后来引申为每一棵小草都是很微小的力量，但是如果有越来越多的人愿意加入这个行列，小草也可变成大草原。青草有很强的生命力，这个名字散发着昂扬的朝气。

向芯说："当时，北京、上海的朋友已参加过面向外来工子女的支教行动，我们也想为广州的外来工子女做点好事。由于没有广州本地户口，很多外来工子女只能就读于民办学校，享受不到优质的教学资源。"

向芯在执信中学招募了 40 多位志愿者，把首届夏令营开进了广州康乐学校，吸引了 50 多名外来工子女参加。虽然只有 5 天，但志愿者设计了 10 门课程。英语和公民视角是必修课，另外还有历史、语文、地理、生物等选修课。

起初，民办学校的校长对"青草"公益团队半信半疑，后来看到他们办的班之后服气了，认为他们的服务对外来工子女来说很有必要。

随后几年，"青草"公益团队将志愿者招募点扩大到广州市 4 所重点高中，并把周末营、夏令营开进 5 所民办初中。参加第一届夏令营的外来工子女后来还有 4 名加入了"青草"公益团队。

在 2010 年 2 月举行的哈佛大学亚洲与国际关系年会上，"青草"公益团队拿到了最佳项目奖。在向芯心目中，"青草"公益团队面对的是三个群体：一是在广州上初中的外来工子女，二是担任志愿者老师的高中生，三是组织团队实习生参与活动的大学生。"青草"公益团队想搭建一个中间平台，把外来工子女、高中生、大学生这三个"齿轮"联结起来，让城乡孩子在这里走向互助，以成长引领成长。"我们看重朋辈教育，师生都是年轻人，让孩子教育孩子，发挥学生的创意、动手能力和分析能力，而不是死记课本和知识点。"

2011 年，广东省创新社会管理，在全国率先探索社会组织登记管理体制改革。此时，向芯决定休学一年回广州，把主要精力放在"青草"公益团队发展上。她说："团队想要接收社会捐赠、承接购买服务、聘请专职人员，必须要有正式的法人代表。"

2012 年元旦起，广州市规定公益服务类等 8 类社会组织登记不需再找主管单位。一直在等这项政策的向芯抱着申请登记材料走进广州市越秀区民政局。"青草"团队 9 名成员拿出注册资金 3 万元。2 月 20 日，广州市越秀区"青草青少年成长服务中心"获准成立，向芯任法人代表，她的高中同学王向是执行团队负责人。此时，王向也从香港大学休学一年，全职投入中心运营。

向芯和王向都说自己很幸运能够生长在广州，这座城市有着公民积极参与社会的浓厚氛围。"我们遇到的人，包括政府官员、民办学校老师、公益团体及很多社会人士，对"青草"公益团队的接纳、欣赏和支持超出我们的想象，让我们非常感动。"

向芯表示，自己在外求学时也会想方设法抽时间回国，不仅为了静下心好好思考自己未来的发展方向，而且为了投入更多的精力和时间推动"青草"公益团队走向成熟。

第六节　科技创新　巾帼须眉

青少年科技创新大赛、"挑战杯"创新创业竞赛等实践证明，创新性竞赛活动对激励青少年积极参与创新实践、促进青少年创新人才成长发挥了积极作用。

为此，执信中学配备了专业的学科奥林匹克竞赛、青少年科技创新大赛辅导团队，选拔有兴趣、有潜质的学生，定期对入选的学生开展培训，分享科技前沿话题，探讨学习方法，研究创新策略。在传授学科知识的基础上，辅导团队注重学科思想、学科素养的构建和逻辑思维的训练，引导学生做出创新性作品。参赛学生能在比赛前得到有效指导，在实战演练中提高创新能力。同时，学校通过组织和举办科技创新大赛、青少年创造力大赛、科幻小说征文、创意大比拼、新概念作文、中学生写史等创新性赛事活动，在全校师生中营造创新氛围，播撒创新的种子，培育创新的苗子。

潘祎昕（见图 6.4）在进入元培班之前，怎么也不会想到自己会对消灭褐飞虱有办法，而且还写出科技论文《控制害虫数量——褐飞虱新基因 Nl23867 的克隆和功能分析》。该论文获得了第 31 届全国青少年科技创新大赛三等奖、第 31 届广东省青少年科技创新大赛一等奖。

图 6.4 潘祎昕①

这次写论文的经历，让祎昕特别感慨：

第一次接触褐飞虱是在乡下老家的田地里。很难想象，这种体型微小，看上去甚至有些纤弱的虫子会是长辈们口中所说的肆意猖獗的中国水稻首害。普遍来讲，当时对付这种虫子的主要手段就是洒药，用化学药剂进行防治。年少时我也有过念头，怎样才能制造出一种神奇的药来根治这种害虫呢？

高中生物必修教材《遗传与进化》及选修教材《现代生物科技专题》的学习为我曾经的这个疑惑打开了一扇新的窗户——或许我可以从褐飞虱本身出发，探究褐飞虱体内基因对其繁殖能力的影响，发现影响褐飞虱繁殖能力的新基因。相比外界防治手段（如使用化学药剂），这种方式更

---

① 曾获广州市青少年科技创新大赛一等奖，2016 年被评为广东省优秀学生。

加治本，不是在褐飞虱已繁殖甚至已对水稻造成危害后再减少其数量，而是在其还没有繁殖之前就控制它的繁殖能力；对褐飞虱的影响不止停留在一代，而是有可能使其后代的繁殖能力因上一代基因被改变而受到影响，而且可以尽量地减少对外界环境的破坏。

很庆幸能有这样一个机会将我的设想变为现实。将自己的想法与指导老师进行交流后，通过指导老师的帮助，我开始对自己感兴趣的这个问题展开研究。实验研究的整个过程大大拓宽了我的视野，令我受益匪浅。同时，能将自己掌握的知识运用到实际的研究过程中也让我颇有成就感。

我在生物必修教材《遗传与进化》中了解到了基因的本质，DNA复制、转录和翻译的全过程；在生物选修教材《现代生物科技专题》中熟悉了体外DNA重组和转基因等基因工程技术。当然，由于高中生物教材的局限性，一些更深入的基因工程技术原理没有涉及，因此，我又拿起了大学教材《分子生物学》，对与实验核心技术有关的部分进行深入了解。理论知识的丰富在给我的实验研究带来了方便的同时，也加深了我对生物遗传学方面的认识，大大拓宽了我对生物学研究的思考维度。不同于高中注重理论知识的记忆与重复，具体的实验研究需要动手操作，将书本上的知识加以运用。这对我而言，是挑战，也是难得的机会——将我塑造成为一个更健全的生物人，为日后长远的研究学习打下基础。

课题研究的第一步需要克隆获得Nl23867全长，并对序列进行分析。在大量重复性的实验工作下，我在其中一次克隆的过程中发现实验结果有明显误差，经过一层又一层排查，最后发现只是水浴温度设错，导致我四小时的努力成果化为乌有。

一个小小的误差可以带来连环的效应，这让我从亲身实践中真切体会到了科学工作所需要的严谨性。此外，在实验过程中，导师也极为注重对我进行实验严谨规范操作的培养，如在进行凝胶电泳步骤中，导师特意提醒在切胶时尽量快且准确，避免DNA过长时间暴露在紫外线灯下。

　　我在这个过程中明白了做任何事情除了需要自信，还需要自疑。自信是对实验的大方向的把握，自疑主要是针对手段和过程。在进行实验数据分析时，有时我会发现一些异常数据，需要进行误差分析。虽然有时一些数据证明只需大趋势相同，有个别出入也无妨，但是导师对这种敢于质疑的态度予以了肯定。

　　做实验时除了要严谨外，创新思维也要得到突破。在实验结束后，我基本确定了 Nl23867 对于褐飞虱繁殖能力的影响，又对关于褐飞虱的具体分子机制的新课题进行了探究。关于后续的计划，简单来说，就是我设想实验方案，对比实验结果，猜想能不能进行更深层次的研究，然后不断分析，寻找突破口，完成课题。

　　整个实验下来，我不仅在对待课题上有了更严谨的态度，而且在知识的掌握和思维的创新上也有了明显的变化。这是普通课堂学习所达不到的。受这些认真的老师和同学的影响，我做事变得全力以赴、细致入微，不再仅做表面文章、马虎了事。最重要的是我对这个学科有了更广阔的认识，产生了更强烈的兴趣。

第七节　高飞雄鹰　志在传承

　　激情燃烧的岁月，她们立志参军保家卫国；

　　苦不堪言的训练，她们泪水常伴着汗水流。

　　数公里长跑，上千个仰卧起坐，高强度滚轮旋转，

　　面对挑战从不畏惧，搏击长空从容镇定。

　　谁说女子不如男子？

　　她们，是执信校园高飞的雄鹰！

　　她们，是中国第一批女飞行员！

　　这是 2017 年夏季，在第九届"感动执信"颁奖礼上，学校给展翅高飞、冲向蓝天的执信中学校友——秦桂芳、伍竹笛写的颁奖词。时隔多年，这两名在高空中为校争光、为国争光的校友依旧能得到学校的关爱

与授予的荣誉。可见，执信中学十分重视源远流长的飞行传统。

早在 20 世纪 50 年代，中国第一批女飞行员的队伍里就有执信学子的身影。那是 1952 年 3 月 8 日，天安门广场上千千万万劳动群众在热烈地欢呼鼓掌。毛泽东等党和国家领导人登上了天安门城楼，在向广场上的群众和游行队伍挥手。这时，广场上空传来轰鸣声，只见 6 架雪白的"银鹰"排列成单机跟进的整齐队形，飞越天安门上空。这是新中国第一批女飞行员驾驶的飞机，它们满载着新中国妇女的豪情和希望，前来接受党中央和全国人民的检阅。这 6 名年轻姑娘中，有 2 名是来自广州执信中学高中三年级的学生伍竹迪和秦桂芳，她们分别驾驶 5 号机和 6 号机，一前一后飞过天安门上空。

第一批女飞行员全国仅有 14 名，广东 3 名脱颖而出，执信中学就占 2 名。

谈及能获得如此宝贵机会的缘由，秦桂芳说，1950 年抗美援朝战争爆发时，她在广州执信女中上高中三年级。11 月初，时任广东省省长兼广州市市长的叶剑英在广州市召开的动员大会上，号召青年学生积极参军，抗美援朝，保家卫国。她这个刚从香港回来的热血青年，怀着无比激动的心情去报名参军。12 月中旬，她如愿以偿地当上了空军。"当时那个美滋滋的高兴劲儿就别提了。"秦桂芳兴奋地说。

执信中学在战乱中建立，孕育着伟人志士的强国梦。秦桂芳在自身成长经历与学校教育的影响下，产生强烈的爱国情感。这让她在飞行领域里不畏艰险，不怕吃苦，最终成为为国奉献的新青年。

执信中学在飞行领域名噪一时，绝不是昙花一现，从此戛然而止。时隔几十年后，执信中学再次因为飞行员（见图 6.5）而登上媒体重要版面，进入人们的视野。2001 年，暑假刚刚结束，广州几家大报同时爆出一条惊人新闻：

14 岁独自驾机飞行并通过私用飞机驾驶员培训和考试——广州执信中学高一学生武戟成为目前我国年龄最小的飞行员。

武戟出生于飞行世家，爷爷和父亲都是飞行员。家庭的熏陶固然对

图 6.5　近年来执信中学毕业的飞行员（部分）与何勇校长合影

他很重要，但他更多的是受学校主动发展的教育的影响，知道自己应该具有多方面的素质才能适应社会的发展。所以，在暑假他提出到广东白云通用航空公司设在阳江的私用飞机驾驶员培训基地学开飞机。训练前，培训基地要求父母签"生死状"——训练中出现任何意外，责任自负。爸爸深知飞行的艰难与危险，但他对儿子有信心。

20 多天，每天驾机 20 多个起落，训练项目有 10 多项，其中还包括盘旋、失速、假设迫降等高难度技能训练。第一天下来，武戟的腿都抽筋了。可他没抱怨，第二天接着上，第三天就能独自驾机了。一次飞行中突遇狂风暴雨，周围黑压压一片，飞机摇摇晃晃。但武戟冷静镇定，坚持不让旁边的教练员替他驾驶，咬牙将飞机稳稳地着陆。他迎难而上、临危不乱的表现让教练对他夸赞不已。

在以优异的成绩完成所有科目和飞行考试后，武戟顺利拿到了国际民航协会颁发的结业证书。因为按照航空的有关规定，公民年满 17 周岁才能换飞机驾驶执照。

武戟的"绝招"远不止于飞行这一项。他每个暑假都会学一样专长：2000 年将钢琴八级证书揣入怀中，2001 年以高出录取分数 20 多分的成绩考回执信中学。他还是运动场上的多面手，足球、篮球、武术等样样精通，还破了学校的游泳比赛纪录。

武戟的父亲说："让武戟学开飞机并不是为了让他今后一定成为一名飞行员，也不仅仅是为了让他掌握一门技能，更重要的是锻炼他的胆量和灵敏度。只要具备了这些基本素质，将来干什么都行，路由他。"

执信中学的教育理念犹如飞机的钢铁机翼，助力学子们在空中自由地划出青春的痕迹，卓尔不群。执信中学能做到的，不仅仅是理念的传授，还有教学与硬件的全力支持。

2015 年 6 月 28 日，第十七届"飞向北京—飞向太空"全国青少年航空航天模型竞赛广州预选赛在执信中学举行。该比赛吸引了广州市 187 所中小学的 1710 名学生参加，参赛规模之大为历年之最。

本次大赛的承办单位执信中学获得了"广东省青少年科学教育特色学校"称号。学校积极开展青少年航模教育运动，开设了常规课程，组建了航模社团与训练队。执信学子参加了许多大赛，都取得了优异成绩。

从飞行员的素质培养到航模教育的特色创办，种种决策都体现了执信中学对航空航天事业的发展持有全力支持的态度。执信中学由于对飞行教育如此重视，因此成为全广州市招收飞行员人数最多的中学之一。随着航模教育逐渐成熟，在航模比赛的赛场上，执信中学代表队的成绩也是名列前茅。难怪秦桂芳在第九届"感动执信"的颁奖礼上说："执信在我心目中的地位是非常崇高的。虽然离开执信的时间已经很长了，但是对执信有关的消息，特别是报纸上有关的报道，我都非常关心。"

作为前辈的她，也不忘给予后辈忠告，让他们在往后成长的道路上少走弯路。因为在她眼里，母校的师弟师妹就像是她关爱的亲人。这也体现了执信人与校友相爱相惜的可贵情感。"在这里我就希望大家能够勤奋地读书，注意锻炼身体。我当年在学校参加篮球、排球、乒乓球等活动，我因为篮球打得比较好，所以后来成了篮球队队长。重点是，因为我经常锻炼身体，所以在空中飞行时我的体力损耗也不会太大。锻炼对我们的身体是有益无弊的。"

第八节　创业精英　心怀感恩

2017 年 7 月 20 日，年仅 23 岁的商赛人平台联合创始人黄鸿川作为社企与教育领域最年轻代表，入选 2017 福布斯中国 30 位 30 岁以下精英榜单。

这位青年才俊原就读于执信中学，曾担任学校金融社团社长，代表学校参加青年成就中国汇丰银行未来企业家峰会、复旦全国商业挑战赛，均获得殊荣；后进修于香港城市大学中国商业管理专业，香港大学 SPACE 中国商业学院研修班。

黄鸿川创办的商赛人平台致力于提供多元化产业主题体验式教育，通过组织各类讲座沙龙，传播商业财经资讯；推出商赛培训和商科入门等一系列商业启蒙课程，进行全方位财商启蒙普及；实行商业职场模拟活动，联合校园企业进行亲手制作主题赛事。

在他的经营下，商赛人平台在这些年的发展较为平稳，影响逐渐扩大，让越来越多人从中受益。

2012 年，商赛人联合香江集团、苏黎世金融、王老吉药业、碧桂园教育集团、Cesim 等机构举办青少年商业职场模拟挑战赛。数万名青少年社团代表参与。2013 年，商赛人参与管理青少年财经类社团联盟（CN），并承办"全国十佳青少年财经类社团"评选活动。这让国内对商业感兴趣的学生能像黄鸿川一样从小接触商业、认识商业并实践商业。

2014 年，商赛人协同香港大学 SPACE 中国商业学院，国际青年狮子会港澳分会及一些世界 500 强金融企业亚太分部推出亚洲未来金融精英体验营。2015 年伊始，商赛人牵头试点入校和线上课程 CI 商业启蒙者大学商科体验项目在京津冀、珠三角和长三角超过 30 所中学成功举办。这些训练营与课程的创办让对商业认识不全面的人获得更系统的学习，对他们以后进入商圈有着重要的作用。

截至 2016 年，商赛人已为数百所院校提供商赛策划及协办服务。在全球各地知名院校及智库、全国各大地区商会组织、深圳海内外文化交流有限公司、香港中小企业国际联盟的支持下，将来黄鸿川的商赛人平台会在企业研习、商业课程、品牌赛事三个层面进行深耕，致力于成为多元化产业的商业启蒙教育平台，打造更全面、更系统、更高质的商业学习模式。

反观当下，许多人在高中时期拼命学习，上了大学便开始放纵，浑浑噩噩地度日，最终一事无成。黄鸿川显然不一样。上大学之后，他在攻读学位的同时，迈开了实现梦想的步伐，整个过程没有半途而废，也没有一败涂地。这让许多人都感到好奇，他为什么能在如此年轻的生命里取得耀眼的成就呢？

我们询问过后才发现，创业的想法在他青少年时期逐渐显露。从一开始自己在网上做些小生意到在执信中学读书时进行全方位的商业实践，年轻的他逐渐对商业有了更成熟的认识。

"初中的时候我开过淘宝店，倒卖手机和游戏机，也卖过邮票，赚得了第一桶金。但真正接触商业是在执信中学读书的时候参加了金融社，举办了商赛，创办了学生公司。这个过程中让我印象比较深刻的是趁着校庆，我和小伙伴一起销售了一批定制的木质明信片。这些经历虽然与现在开实体公司比起来都是'小儿科'，但真的很美好，这对我后来自己出来创业有潜移默化的促进作用。"在风华正茂的年龄，他没有埋头于试卷堆，而是把握各种实践的机会，积累经验，等到上了大学，再把精力集中在创业上。

执信中学不仅给予他实践的机会，而且带给他丰富的人脉资源。作为"90 后"创业者，他并没有倾吐刚起步时举步维艰的苦水，而是感激母校给予他实现梦想的起跳板。"我们起步的是好的，看准了国内中学商业教育相对空白的市场，更重要的是借助高中时期的社团活动和积攒的人脉，整合了在那时看来相当不错的社会各界资源。"

在执信中学的生活中，黄鸿川得到了优质的教育，如愿考上理想的大学，获得了高层次的商科学习机会。同时，执信中学的社团活动也让他在商业的具体操作中积累了经验和人脉。如果说黄鸿川的自身奋斗是让他打开成功大门的金钥匙，那么执信中学就是让他登峰造极的天梯。

第九节　平凡楷模　感人至深

"感动执信"的评比活动已经成为执信中学的名片。2017年执信中学毕业礼与第九届"感动执信"颁奖典礼在校内体育馆召开。

人们一般认为只有在各大赛场中获得荣誉的同学，才有资格榜上有名。因此战胜伤痛、不断超越自我的国家级运动员刘霖滔，开拓进取、为校争光的执信运动队，展翅高飞、冲向蓝天的校友秦桂芬、伍竹笛必不可少。

然而，这些只是小部分，更多的是日常为班集体默默付出的"草根人物"。例如，高一(8)班尽善尽美、工作严苛的劳动委员刘炎珂，高二(14)班助人为乐、朴实尽责的学习委员郭晓静，初一(5)班恪尽职守、不辞劳苦的班委，不忘初心、默默耕耘的团学幕后工作人员，步履铿锵、风雨无阻的执信国旗班，同舟共济、共铸奇迹的2017届元培人，孜孜不倦、德才兼备的灵魂雕塑师曾湖仙老师。

在执信人眼中，严苛对待值日、眼里容不下灰尘的劳动委员，血气方刚、从不知倦地守护国旗的国旗班成员，制作精美磁铁座位表、认真完善班级学习制度的学习委员，承担志愿工作、合编高三复习资料的元培人等，都是执信精神的最佳体现。他们没有因为职位的平凡和工作的枯燥而敷衍了事。他们把小事做到极致，从不懈怠。他们细水长流的付出带给我们真心的感动。

正如曾湖仙老师获奖时所说的，感动是平凡，感动是生活，感动是普普通通的状态。是的，感动不需要海誓山盟，不需要轰轰烈烈，只需要无人问津时对自身的职责保持一颗柔软且热血的心，做到一丝不苟。

执信学子除了勤勤恳恳，还常以其独特视角发现身边的榜样。在第四届"感动执信"颁奖礼上，在校园里默默工作的清洁工首次被学生共同推荐成为"感动执信"的集体人物。"我当了 10 年清洁工，从来没想到有一天会上台领奖。"手捧奖杯的校园清洁工代表吴双双含着热泪说。他们被高二(14)班推荐为"感动执信"人物之一。

学生代表蔡伟楠说："他们每天重复着又脏又累的工作，吃苦耐劳、坚韧自强的品质，很让我们感动。他们拿这个奖是众望所归。"学生们没有把劳动人员的付出当作理所当然，而是在他们身上发现了业精于勤的光芒。

无论是处于荣耀巅峰还是在不起眼的地方默默耕耘，只要有执信精神，学校就会了解其背后的故事，并让其美好品德传播开来，成为身边人学习的榜样。

执信中学爱护每一个闪耀人格光辉的学生。学生又以其自身素养发现感动事，感恩身边人。

执信中学善于把这每一刻的感动庄严地装裱起来。

第十节　学在执信　此生为荣

明星学子和获奖人物身后还站着成千上万身处不同地域的人。他们或走出校门，或刚穿上执信校服，在不同角落闪烁着执信光芒。他们有着关于执信中学的独家记忆。这份过往不仅值得他们一世珍藏，而且帮助他们找回自己，成就更好的自己。这些学子都想描绘自己眼中的执信中学，对"这位爱人"来个深情告白。

执信中学 2012 届校友彭雅丽写道：执信中学是一个卧虎藏龙之地，在这里你可以找到最顶尖的学生与你为邻。执信中学的老师比起其他学校亦不遑多让。他们教的不只是书本，更多的是人生。在执信中学念书是一件极为惬意的事情。幽静的生物园，厚重的执信墓，处处皆是诗意。执信中学处处都有着一种精致感。在这种氛围中学习，不是负担，更多的是享受与满足。我在执信中学最大的收获就是不自得，多努力，会玩乐，不做书呆子，做一些公益的事情，让自己慢慢成熟起来。执信中学所认同的人不是自私的，不是狭隘的。它一直秉承着孙中山先生的希望，认同那些即便是穷也要兼济天下的人，即便微弱也要有力量。相信执信，相信老师，相信自己。优秀，必将成为执信人的一种习惯。

执信中学 2012 届校友黄何写道：对执信中学最深的感受是执信中学有一种独特的气质，这种气质从优美的校园环境中散发出来，也通过富有责任心的老师不断地向学生渗透。这种气质教育学生踏实治学，诚恳待人，自由创造。感谢执信中学给我创造了自主学习的条件。她信任学生，将学习的主动权还给学生，让我有充足的时间自己消化知识，也让我的体育特长和爱好得到发展。在这里，我收获了友谊，收获了成绩，更收获了成长。

执信中学 2014 届校友江璐写道：在执信中学，我学会的最重要的一个词便是个性。这并不是指以自我为中心的随心所欲，而是指认识自我，提升自我，学会发展个性。就如在学习上，老师只是一个引路人，真正的时间安排、计划都要根据自己的特色来制订。在课余时间，各类活动只是一个媒介，真正的意义在于让自己认识到原来自己也有这样的能力，并在历练的过程中提升自我。感谢执信中学让我真正成长。

执信中学 2015 届校友印锐这样写道：或许是那种与生俱来的好感，让我对执信中学情有独钟。3 年的高中生活告诉我，这是我一生中值得骄傲的选择。对于周围人来说，或许执信学子与我初中同学没有太大差别，他们都是成绩顶尖、能力卓群、健康向上的才子才女。所不同的是学校给予我们的信任。正是凭借着这股信任的力量，执信中学大大小小的社团活动得以像雨后春笋般蓬勃发展；正是得益于这种信任，执信中学培育出一批又一批有能力、有成绩、有责任心的优秀毕业生。说到信任，我又自然而然地想起老师们。执信中学的老师们总是能精确地把握信任与放手的平衡点。除了出色地完成日常教学工作外，他们当中有很多是社团活动的指导员。每个社团背后都有一群老师像保护刚刚学会走路的孩童一样默默地注视我们，悄悄地保护我们。这也是执信中学的社团享誉社会、执信中学的学生享誉社会的重要原因。我们的背后，有一群强大的老师。他们年复一年，日复一日，日日如此，年年如一，为我们铺设一条又一条星光大道。执信中学像温暖的圣母，周身披着柔和的光圈，沐浴着晨曦，正张开双手，拥抱每个孩子。

关于对学习生活的总结，执信中学 2016 届校友庞悦写道：从陌生到熟悉，对执信中学的自豪感与日俱增。这就是执信中学，一个包容的、多元的、神奇的地方。在一定程度上，在应试教育的框架下，我们拥有选择自己生活方式和发展道路的自由。在执信中学，我们可以看到埋头苦读的学霸，看到游走于社团之间、运筹帷幄的学生领袖，看到精通琴棋书画、挥洒自如的文艺骨干，看到驰骋于赛场之上、挑战自我的体育精英……每一个人都活出了真实精彩的自我。在这里，没有一种权威的、压倒一切的声音指令我们下一步必须怎么走，我们因此学会了叩问自己的内心，发掘自己的潜能。执信中学为我们提供了自我实现的资源和平台。我想，这是执信中学给予我们最宝贵的财富。我在元培班所学到的远不止课本上的知识，还有足以让我终身受益的能力。快节奏的、要求我们始终保持全神贯注和思维活跃的课堂，有弹性的、分层的作业布置，课下热烈的学术讨论、课题研究和其他丰富的课外活动，促使我养成了自主学习的良好习惯，培养了合理安排时间、把握生活节奏的能力。自由民主、无比温馨的班级氛围使我学会感恩，学会付出，学会爱。

回忆心中"最美执信"的画面，执信中学 2016 届校友林可晴写道：我一直以为，高中忙忙碌碌不过都是为最后那两天做准备的，高中校园也不过是一群学子迈向象牙塔前的普通一站。但出乎我的意料，执信中学为每一位执信人都留下了最刻骨铭心的印记：包容。容得下一心只读圣贤书的"书呆子"，也容得下在各个社团发光发热的"活泼人儿"；容得下衷心的赞颂，也容得下批判的声音；容得下快，也容得下慢。大家在执信中学相遇，都觉得没错。红墙绿瓦，任尔飞翔。这就是我的执信中学。我很喜欢一个场景，至今一闭眼，仍能勾勒出当时看到的画面：承志楼笼罩在夕阳的余晖里，自带一圈神秘光晕。"执信啊执信"的歌声在每日中午如期响起，动听的歌声回荡在整个校园。操场边上有一个班的学生拿着扇子手舞足蹈，好像在排练艺术节的节目。还有一些学生穿着青蛙服，颠着足球东奔西跑。这大概可作为执信中学兼容并包最好的注脚了吧。我回到了我的母校，正如游子归家。我回到了我的执信，正如鸟儿回到了蓝天。一入崇德渝智门，天高海阔任尔飞。

关于触摸执信中学的第一份惊喜，学生唐楠写道：从报到的那天开始，执信中学就给了我无尽的惊喜。布置下来的假期作业并不是一摞一摞的试卷，而是老师们精心挑选推荐的书籍，以及看纪录片、种黄豆等极为有趣的实践活动。其实早在军训的时候，我就已经感受到了执信中学的温暖。大家晚上在宿舍里传着一瓶活络油，开着卧谈会，觉得有朋友相伴，一切辛苦都不在话下，军训也不过如此。同学们遇到事情总是互相帮助，像有时遇到体力活，男生们总会自觉地挑起大梁，当真有"力恶其不出于身也"的感觉。班上的学术氛围也非常浓厚。当你身边真的有一群非常厉害的同伴时，他们对你的积极影响真的是大到无法估量。很多问题有时候甚至不需要问老师，同学之间就可以得到很好的解决，妙招迭出也是常有的事。执信中学的学生从来不是只会学习的书呆子，大家都是琴棋书画、体育、娱乐样样精通。在班上你会遇到很多与你志趣相投的人，然后发现每天上学都是一种乐趣。在执信中学学习是一种快乐的体验，因为老师从不拘泥于课本。老师教知识都是因为他们认为这对我们的成长有益，而不是只为了让我们考取一个高分。来执信中学时的新鲜感现在已经过去，但我爱执信中学的心依旧，因为她真的教会了我太多太多。

"白云山珠江水，听执信歌声嘹亮。黄花岗，红花岗，听我们书声琅琅。攀登世界的高峰，锻炼坚强的翅膀。努力学习天天向上，我们前进在先烈路上。"这是执信中学校歌开头的歌词，也是执信学子灵魂力量的最佳诠释。他们个性张扬，有勇有谋，脚踏实地，专注细节。心有猛虎，细嗅蔷薇。

如果说学生是精进不休的稚嫩花儿，那么学校就是暄暖温和的一米阳光。花儿有了照耀，在潜移默化中越发朝气蓬勃。但仅仅有阳光，是否足够呢？它还需要土壤的湿度与养分，这便象征着家庭环境对学生的影响。家长是孩子的终身教师，如果影响不佳，即使学校的教育再先进，学生的成长也会有缺陷。难能可贵的是，执信中学不但尽心培养每一位学子，还尽力升华每一个家庭。

第七章

携手家长　共书华章

当今世界，科技进步日新月异，国际竞争日趋激烈。特别是经历了历史上罕见的国际金融危机，各国纷纷调整发展战略。一言蔽之，人才的培养必然离不开教育。

百年大计，教育为本。今日的学生就是国家和民族未来的栋梁。然而，学生的问题却不容乐观。时下的社会矛盾貌似是社会问题，实则是家庭教育出了问题。这也是近年来，为什么从中央到地方政府如此注重家庭教育的主因。2015年团拜会上，习近平总书记指出：中华民族自古以来就重视家庭教育，重视亲情。家庭是社会的基本细胞，是人生的第一所学校。不论时代发生多大变化，不论生活格局发生多大变化，我们都要重视家庭建设，注重家庭、家教、家风，继续培育和弘扬社会主义核心价值观，发扬光大中华民族传统家庭美德。"显然，国家已经充分意识到提高国民素质必须从源头抓起，从家庭抓起，从家庭教育抓起。

人一生的成长需要家庭、学校和社会三位一体的教育。关于家庭教育的重要性，唐代文人吕温在《广陵陈先生墓表》中写道："始见一乡之人，父严子孝，长惠幼敬，见乎词气，发乎颜色。"可见，家庭教育是一切教育的基石，从古至今都不曾改变过。

家长学校算是一个现代化的概念。但对执信中学而言，注重家校合作已是他们长期秉承的传统。从办学之初，执信中学就以开放式的心态主动向家长袒露自我，不遗余力地传递自己的办学理念。

紧跟教育现代化的前进步伐，执信中学应时代之需，在给学生传授知识的同时，逐步专注于家庭教育领域的研究和探索，竭力为家长搭建一个科学育儿的成长平台，专业引领家长走向科学育儿之路，努力为学生塑造一个全方位的成长氛围，尽力打造属于执信中学特色的家长学校，并建立一套完善的家长学校办学模式——四层金字塔模式，集理论化和系统化于一体，支撑家长学校的高效运作和良性发展。

功夫不负有心人，执信中学的努力付出终让我们看到了喜果：家校经过长期的携手合作，不仅给学生营造了一个和谐健康的成长环境，而且为彼此增添了很多欢乐，最大的收益是成就了更多圆满幸福的家庭。

在学生踏入执信中学的那一刻，学校接纳的不仅是学生，而且是其背后的整个家庭。他们深谙家庭教育在学生健康成长中的重要分量和地位。

作为广州市第一批示范性家长学校，执信中学主动肩负起宣传党的教育方针和现代化家庭教育理论的重任，帮助家长转变家庭教育观念，提高家庭教育水平，有力地协调了学校教育、家庭教育和社会教育三者之间的关系。执信中学的最大亮点是以为学生终身幸福奠基为出发点，利用科研及专家引领护航，目标明确地锁定培养能够在家庭中为孩子终身幸福引路的合格家长，充分利用"四层金字塔"办学模式打造特色家长学校，以规范化课程体系融入家庭教育实践课程，引领家长学校工作走上专业化道路，有效增强了家校合作教育的持续性和可行性。

此外，和很多学校不同，执信中学的家长与学校之间有着天然的亲近感。因为，在执信中学，几代人共读一校的例子比比皆是，致使学生的父母，甚至是爷爷奶奶都拥有一个特殊的身份——孩子的学长。执信人视母校为广东省的常青藤中学，让孩子就读母校是一种光荣的继承。

执信文化对执信人的影响深远，不仅包括教师和学生，还有家长。执信中学的家长有思想，有智慧，比较容易跟学校产生共鸣，达成共识。执信中学的教育理念、文化及做法深受家长认可。执信中学的家长重视孩子的教育问题，积极承担为人父母的伟大使命。为了孩子，他们愿意抽出时间继续学习，积极参加学校举办的不同主题的专家讲座；为了孩子，他们积极承担育儿的责任，响应学校号召，走进学校，走上讲堂，甘于奉献，乐于与孩子共同成长，更有家长成了教师的好帮手。

第一节　家长心语　携梦启航

在得知执信中学要为百周年庆典征集家长反馈建议之后，很多家长踊跃和学校联系，渴望参与。学校原本希望得到的是毕业生家长对学校的反馈建议，令人惊喜的是，最后征得许多感人心弦的故事。

这些故事让我们知晓，赢得一时家长的赞誉并不难，难的是执信中学的口碑在家长中传为佳话。尤其是家长学校，正中靶心地刺到了家长培育孩子的痛点，是高效家校联动的真实写照。

故此，执信中学的家长也在不经意间成了执信中学历史的书写者和创造者。

一、家校联动　安心落意

也许在很多家长眼中，好成绩就是好教育的代名词。只要成绩好，孩子就能平步青云，一步步走向心仪的大学，登上人生的巅峰。但如果一个孩子只会考试，没有业余爱好，没有想要追逐的梦想，难道不像是行尸走肉一般吗？执信中学学生朱明睿的家长认为，孩子能形成良好的人格和心态，能够独立地、有担当地面对未来的生活，这才是好教育。好教育需要好的学校、好的家长和好的社会环境共同去营造。

朱明睿出生于20世纪90年代末。这个时代一方面经济快速发展，另一方面竞争激烈。在这样急迫焦躁的时代背景之下，执信中学的教育仍然注重素质发展，着眼于学生长远的未来。当然这是执信中学一贯的特色。朱明睿的家长认为，一所好学校应重点把握好教育的发展趋势，而不单单关注成绩。针对这一点，在一片急功近利的应试教育的战场上，执信中学做到了。总体而言，执信中学每年的高考状元并不是最多的，高分段人数也不是最多的，但在家长眼里，执信中学的教育是最优秀的。除了知识的传授，执信中学还重视培养孩子日后的可塑性。这让苦于寻找正确培育方法的家长感到欣慰。

另外，执信中学还非常注重家校联动，通过家长委员会开展众多活动。例如，就培养孩子良好行为习惯这一问题，家长委员会经常主动与学校教师一起组织针对性较强的活动；就对倡导孩子不玩手机这一主题，一同商讨研发活动内容。

执信中学的家长委员会大多自主发起决策，但不会偏离轨道。例如，在2016年高考前，家长委员会在征得学校同意后，决定统一定制高考服。几乎所有家长积极参与，为学生营造了良好的备考气氛。通过家校的紧密联系，家长更加了解孩子，也容易发现孩子的优缺点，还懂得适时关注孩子的情感状况，把爱用在孩子需要的地方。

除了支持家长委员会的决策，学校还对每一位家长露胆披诚。古语有云：民以食为天。为了保障孩子的餐饮质量，学校特意开放食堂，让家长进食堂视察，甚至可以直接查看厨房工作人员的从业资格证。学校的坦诚与民主让家长很感动。他们认为，一所坦诚、开放的学校培养出来的学生会成为富有创新思维、行事光明磊落的君子。

二、共享平台　通力成长

埃德蒙·伯克说过："喜欢社会中一小群志同道合的朋友，这是人社会属性的基本原则。"[1]我们生活在物欲横流的社会里，无论是孩子还是家长，人与人之间或多或少会存有猜忌。但是，充满正能量的执信中学却别有风味。以孩子为桥梁，家长自己搭建了一个同声相应、同气相求的交友平台。

执信中学学生郭远帆的家长坦言，孩子在中学择校时，一开始就认定了执信中学，且非常执着。追本溯源，只因他喜欢执信中学的校风。学校有几十个社团供学生选择。孩子来到执信中学后，加入了橄榄球社团。通过训练，身心两方面都得到了健康发展，还交到了志同道合的朋友。只要孩子活得开心，心态好，身体好，在学习方面我还用操什么心？孩子就读执信中学后，家也随之搬到了学校附近，也开始了三年的陪读生活。执信中学既让孩子得到成长，又满足了家长的需求。原本想着，学校只是孩子学习成长的地方，没想到后来也成了孩子生活的重要场所。

郭远帆的家长说："孩子有他的小伙伴，我也有我的小团体——家长群。在家长群里，我应该算是比较活跃的，发言较多，平时学校的活动也都会积极参加。家长群是个丰富的资源库，大家从事不同的职业，

---

[1]　刘素娜：《名人名言：生活卷》，62页，长春，长春出版社，2007。

能提供各方面的信息。例如，孩子到高
三时，我会在家长群咨询营养健康问题，
得到了其他家长的满意答复。"经过与其
他家长的交流，郭远帆的家长充分意识
到：对于青春期孩子的教育，沟通和鼓
励很重要，因此，每天一句"加油"形成
了习惯。现在，即使孩子去念大学，不
在身边了，他们也不会因距离远而存在
隔阂，孩子仍然会经常和他分享自己学
校的趣事。

图 7.1　拔河比赛

在执信中学就读期间，郭远帆的家
长天天和孩子享受着与人相处的快乐。
孩子毕业后，他们和其他家长依然是朋
友。孩子的执信似乎也成了她的执信。

"现在回想起来，很多美好的回忆都会涌上心头。尤其是参加学校
组织的拔河比赛（见图 7.1），那场景一直萦绕心头，久久挥之不去。"说
到这里，她眼噙泪花，嘴角上扬。

三、造梦圆梦　肩负荣誉

每一个孩子都是天使，好孩子都是精心培养出来的。但由于自身经
验不足，或是缺乏必要的硬件支持，一个明日之星或许就此凋零。爱才
好士的执信中学岂能任这悲剧上演？学校提供的除了教师的专业教导
外，还有一个让学生积累经验并展现自己的舞台。

陆子亮家长说起执信中学，幸福快乐溢于言表："1985 年我从执信
毕业，对于执信，我自己本人是很有情感牵绊的。因为自己和家人都是
执信的学生，所以我们的家人对执信也有着深深的情怀。孩子今年 6 月
毕业，他在执信学习生活了 6 年，终于如愿考上了自己心仪的传媒大
学，选择了自己最喜欢的数字媒体艺术专业。"

　　她最感激执信中学的是执信中学为孩子提供一个良好的学习成长平台，让孩子有机会做自己喜欢的事情。6年以来，孩子一直是执信电台的副台长。执信中学是他成长的摇篮，他用摄影机记录了执信中学的点滴，每天锲而不舍地拍摄。这不仅让他积累了经验，而且给予了他试错的勇气及完成职责的自豪感。此外，执信中学的学生团结又民主。在初二时，他的儿子自荐当班长，班上的同学特别配合支持他的工作。经过努力，他们在各项体育活动中都拿了大满贯。作为家长的她觉得孩子们能在一个追逐梦想和健康友爱的环境中成长，比什么都重要。多年以后，这些都会是孩子人生中的美好回忆。

　　执信中学这个名校平台让她拥有优质的人脉，还吸收了很多科学的育儿观念。谈起感激学校，何止孩子，她自己也是滔滔不绝。她说：

　　这么多年过去了，我们执信的同学情谊依旧，大家散落在世界各地，但对母校那份青涩的眷恋始终是谈论的焦点。很多同学虽然已经是各行业的精英，但是很谦逊，这就是执信人的重要品质：务实而谦虚。

　　受执信教育理念的影响，自从孩子进入执信中学就读后，我对他的管教就开始减少了，主要原因一是在小学阶段，我们已经帮助孩子养成了良好的生活习惯，好的习惯会推动孩子的自身成长；二是对执信教育理念的信任，学校一直倡导家长将选择权归还给孩子，做孩子的引导者而非主导者。我也觉得在孩子遇到挫折时，不要过早地干预，让孩子有机会去面对问题，从而学会能更独立地解决问题。其实很多时候，反倒是孩子成就了我们，他能带来不同的思维方式和知识领域。

　　采访尾声，陆子亮妈妈不忘补充：执信中学最让她敬佩的是能够成为孩子的造梦园。很多人在浑浑噩噩中浪费很多时间，依然不能听到自己内心的声音。但孩子在执信中学得到的不仅仅是分数，或是一所好学校的录取通知书，而是渐渐发现了自我，明确了一个可以为之奋斗的梦想。

四、走向世界　情系执信

宋代诗人苏洵说："教化之本，出于学校。"当学生学成之后，走出校门，他们能带走些什么呢？范哲良家长认为，执信中学厚重的历史及独特的校园文化，使千万学生和家长慕名前来，又使学子满载而归、走向世界。

何勇校长曾在学生的毕业册上写过一句让人印象深刻的话：将来你们在世界的哪里，执信就在哪里；你们怎么样，执信就怎么样。这句话掷地有声，铿锵有力，对学生寄予厚望，并对学生有一种无形的约束力。每一个从执信中学走出去的学生，都肩负着学校的荣誉，同时又有一种归属感。这种影响无声胜有声，将会影响学生的一生。

何勇校长为何会有如此豪情壮志，拿执信中学的名校招牌发声，又为何会对执信中学的学生抱有如此强烈的信心呢？因为在中学阶段，在历史传承的教育理念与独特的文化氛围中，学生所学的不只是课上的知识，更重要的是明确自己想要做什么。他们在中学阶段就开始挖掘并刻意培养自己的兴趣爱好，这对日后的成长无疑是一笔巨大的财富。

获得收获的除了学生，还有家长。范哲良家长说道："孩子在执信学习了 6 年，我也在执信家长委员会待了 6 年。很多人怕麻烦，怕揽事儿，但是我觉得能在家长委员会出一分力，为孩子们做点事是快乐的。孩子在父母身边的时间其实并不多，能和孩子一起成长是我这 6 年在家长委员会的最大收获。"

6 年间，家长委员会提供一个空间，让家长们释放情绪。大家能将自己培育孩子的焦虑表达出来，并互相提供建议。甚至还有家长分享独家解压秘籍。此外，家长和教师之间也相互鼓励，形成宽容和谐的氛围。"做老师不容易，做执信中学的老师更不容易。身为家长，唯有体谅宽容。"

五、人性管理 大制不割

学校的建筑由钢筋水泥构成，但如果学校制度也如硬邦邦的建筑那样坚不可摧，不近人情，那么学校就变成了一座欠缺温度与灵气、远离包容与变通的城中监狱。

蔡顿希家长性格柔和，腼腆地说道：

顿希在执信中学学习了6年，今年毕业了，考上了自己心仪的大学。但其实，比考上如愿大学更让我们欣慰的是，孩子在执信中学度过了一段难忘的中学时光。

6年前执信中学招生时，越秀区的8所学校前30名的学生才有资格参加考试，另外100多个名额是从奥林匹克数学班招生的。我的孩子并不在招生范围之内，但是看到了招生考试的通知，孩子特别想试一试。于是在考试当天，我拿着厚厚的一叠资料，包括孩子获得的各种奖项，带着孩子硬是"闯进"了学校。意想不到获得了一个准考资格。

一个学校理应有它的规章制度，如孩子的入学考试，我们确实是违反了规定。但让我感动的是，制度之外，还有人情。那次孩子被特批参加考试的事件让我看到了执信中学的规章是为孩子，乃至一个家庭朝好的方向发展而设定的。

后来孩子如愿考进了执信中学，我想，这也是一种缘分吧。我是1988年从执信毕业的，曾经还是执信田径队的，现在孩子能够延续执信人的身份，让人觉得挺温暖的。

大多数学校与家长的交流只集中在每学期的家长会那天，这样的沟通本来就是不足的；甚至有的家长正好那天没空，就失去了直接向老师了解孩子在学校的表现的机会。最后受影响的，难道不是孩子吗？因为家长和学校隔绝，孩子和父母活在两个世界，缺乏沟通，互相埋怨，使孩子独自承受落寞，却无人告知，无人解决。执信中学的制度以生为本，不但对学生，而且对家长加入校园生活保持开放的态度。学校每年会举行亲子运动会(见图 7.2)，以增进亲子感情。家长能和孩子共同面对磨难，相互扶持，共同成长。

图 7.2　亲子运动会

六、精准规划，有迹可循

每一所学校都会定期举办家长会，目的就在于高效率地与家长分析学生成长状况，共同思考今后的发展规划。在影响学生未来的发展上，执信中学从未懈怠，而且做得非常好。

朱振远的爸爸说道：

学校与家长维持紧密的沟通是让各方都能安心的重要渠道。执信中学在这方面做得非常有深度，备受家长的认可和好评。我觉得执信中学的老师非常敬业，有经验，有耐心，有爱心。他们不仅是孩子的老师，而且是我们父母的老师。我们都是第一次做父母，没有经验，这几年都是在老师的精准引导下我们才懂得如何做一名孩子喜欢的父母的。学校举办的各个领域的专家讲座让我们受益匪浅。初中正值孩子的青春期，学校不仅会组织开展不同主题活动引导孩子释放青春期的激情，而且会引领我们家长进入专业化的育儿学习，与孩子一起成长。在不同的讲座学习中，我们掌握了很多以前不知道的教育孩子的原理和方法，懂得了与孩子相处的技巧。

最令我欣慰的是，在执信中学的那3年，无论是父子关系还是母子关系，都很融洽。3年的初中生活，我们与孩子收获了成长和各自需求的快乐。孩子很幸运，高中继续留在了执信中学。当孩子进入高中时，又一个崭新的课题呈现在我们面前。与其说孩子幸运，倒不如说是我们家长幸运。孩子是体育特长生，每年高考后，学校分管教学的副校长马上会联合体育科和艺术科的科长，通过他们请来往届师兄师姐和我们分享经验，让我们和孩子及时了解关于高考的最新政策和数据、志愿的填报、专业的选取。

目前社会上许多家长迷信题海战术，千篇一律地把孩子关在房间里学习，但他们是否想过这个方法科学有效吗？其实家长与学校间存在着教育的信息差，如果学校不把成功的规划告知家长，家长便会用自己道听途说的方法培育孩子。方法如果不科学，极有可能毁了孩子的未来。正因为执信中学在备考、培育孩子、引导家长成长方面的专业与精确，才让家长掌握了如何能成为帮助孩子走向战场的"千里马"，而不是把好心化为半空中砸向孩子的"流弹"。

七、互助共赢 影响人生

学习讲究环境，教育讲究爱心，这就是好学校的效应。执信中学这所好学校的好早已定格在家长和孩子的脑海中。毛泽婷的妈妈对此心服首肯。

执信中学这所学校不仅让学生喜欢，而且让父母爱戴。执信中学的校园环境优雅，校园生活温馨，各种古建筑古朴厚重，着实让人赏心悦目。执信中学还因为拥有一大批好老师而让我难以忘怀。这些好老师的存在让执信中学的校园充满了浓厚的学习氛围。我女儿刚进初一，摸底考试150名，不是很好，但老师和校长很关心她，尤其是班主任能够在繁忙的教学中抽身坐下来跟她详细交谈。因为我女儿每天都要抽出时间去练习高尔夫，就会出现"旷课"的现象。为了不影响她的功课，班主任特意安排"学霸"跟她同桌。那个孩子心地善良，乐于助人，每天不厌其烦把作业拍下来然后再传给婷婷，婷婷也经常向她请教不懂的数学题。我后来发现，他们班的孩子特别有爱心，整体学习氛围非常浓厚。

执信中学的老师平易近人，宽容民主，待学生如朋友，这一点我感同身受。婷婷从小到大，空闲时间都在打球，没时间上补习班。老师因为担心就会主动问她需不需要补习，也不会因为她的成绩不理想而严厉批评她。老师的宽容最终换来了孩子的爆发力。经过一个学期的努力，婷婷冲到了全年级20多名。不止这样，前一天参加全国比赛，获得了全国第三的好成绩；第二天回学校参加期末考试，数学还考了满分。

孩子的这些成绩，除了她自身的努力之外，肯定离不开执信中学老师的谆谆教诲和用心良苦的教育。执信中学的教育很走心，能够让我们父母及时去反思自己的教育方法。家长学校的课堂内容丰富多彩，形式多样，对父母而言，开阔了眼界，增长了见识。执信中学以人为本的教育不是夸夸其谈，而是实实在在地影响孩子的成长。

现在，婷婷虽然不在执信中学求学了，但始终认为执信中学是她人生的转折点。执信中学的老师的创新能力与思维活跃度非常强，他们不喜欢学生死读书和读死书。在执信中学的那3年，她跟着老师学会了合理地安排时间去学习，掌握了正确的学习方法，这个可是让她终身受益。而今的婷婷单靠体育特长就能轻松考到好大学，但她还是想挑战自己，凭借自己的实力去考取。她选择了文科。甚让人不解的是一名体育生将大部分时间都用在训练上，文科考试竟然还能考全年级第一，而且比第二名高出20分。

执信中学对她的另一个影响体现在生活上。在未进入执信中学之前，我们总是担心她做事不够独立，不懂得处理人际关系。但自从进入执信中学之后，我们的担忧都被一一化解了。她做事变得有条不紊，无论是学业、社会公益，还是孝敬父母、体育训练与日常家务，都能做好规划，然后逐一去实施。执信中学的社团活动特别丰富，不要说孩子的能力得到了锻炼，就是我们父母在每一次的参与和体验中也会有不同的感悟和成长。

中国有句谚语：养儿一百岁，长忧九十九。话虽朴素简单，但体现了父母的不易。在家长的育儿观念里，担心永远排第一位，怕自己对孩子不够好，怕培育孩子所使用的方法不科学。他们总想把最好的爱都给孩子。他们也想给孩子自由，但又怕孩子困入世未深、经验不足而掉入受挫的悬崖，于是在不经意间绑住了孩子本应翱翔的翅膀。

但如果孩子在接受教育的时候有个好的成长氛围，家长不就能放下心了吗？

关于执信中学的故事，面对万千家长，我们听到的只是沧海一粟。在家长一致好评的背后，家校互动难免会有摩擦，家长和教师之间也必然存在意见分歧。但是执信中学总是有一股内化力量，可以将二者的矛盾化为烟云。

是什么促成了家校之间的高效、友善的合作？面对信息化、市场化带来的教育变革，面对家长心理需求的不断迭代，执信中学是如何实施现代化的家校合作的教育，如何让家长心甘情愿地接受这份"再教育"的呢？

建立理论化、系统化的家长学校模式，让教师和家长在遇到困难和矛盾的时候有理据可依、有制度可行便是一种难得的万全之策。

第二节 家长学校 四重合音

"执牛耳问鼎羊城，信马缰傲视南粤。"肩负孙中山先生厚望的执信人，矢志不渝地坚守着教育的使命，培养了一批又一批英才，影响了千千万万个家庭。执信人在传承学校优良传统和文化的同时，锐意改革，勇于创新，融入时代精神，开拓国际教育视野，不懈地探寻教育的真谛，推动执信中学的教育事业不断登上新的台阶。

家长学校成立就是一个很好的例证。执信人深刻地认识到家长对孩子成长的关键性和重要性。由此，他们将学校视为家长培训的主阵地，努力探索家庭教育的方法、途径和模式，积极构建有利于学生发展的优秀家长学校，使其能够办成像普通中小学一样，具有完整的教育功能、完整的教学模式，真正做到家庭教育和学校教育相结合，达到共同育人的目的。经过多年的探索，执信中学家长学校逐步形成了自上而下的"四层金字塔"模式。执信中学以"一核心，两引领，三纳入，四性"为基点，有序推进家长学校的工作（见图7.3）。

图 7.3　家长积极参与学校组织的活动

一、育德立人　不忘初心

执信中学以育德立人，为学生终身幸福发展奠基为教育价值观；以培养基础厚实、人文见长、品行雅正、人格独立、视野开阔、可持续发展的高层次优秀人才为目标。为学生终身幸福奠基也成了家长学校办学模式的核心。

在创办家长学校的过程中，执信中学一直秉承几个宗旨：一是提升作为孩子首任教师、终身教师和共同学习者的父母的教育素质和亲子教育能力，二是通过提高父母的教育素质和亲子教育能力去影响和促进未成年人子女的健康成长，三是促进亲子共同学习、有效沟通和共同成长。核心重点放在如何提高家长的教育素质方面，为学生的健康成长提供科学基础和有力保障。家庭和谐幸福是子女生活幸福与人格健康的基础和保障条件。

可见，家庭教育与学校教育的育人目的具有一致性，这也决定了学校教育必须坚持与家庭教育和社会教育紧密结合，才能有效地促进未成年人素质的全面发展。两种教育只有协同一致，才能同向、同步、互动作用，最终形成教育合力去影响和促进未成年人的成长。

二、科研引领 专业发展

以科研带动家长学校的专业化发展成为执信中学近年来家长学校发展的重点。执信中学连续几年成功申请了广州市妇女联合会的"家庭教育特色项目"。例如，2011年申请的"'家长心理沙龙'的实践及其对促进家庭教育工作的效用研究"，2012年申请的"学校整合家庭、社会教育资源开设服务学习选修课的实践和研究"和"转变教育方式下的家庭教育辅导课程实践"，2013年申请的"校园心理剧在青春期亲子教育中的应用研究"等。

此外，"中学家长学校多元化模式的创新实践探究"成功申报了广州市中小学德育研究"十二五"规划2012年度课题，"校园心理剧在青春期亲子教育中的应用研究"成功申报了广东省中小学心理健康教育"十二五"规划课题。在科研的引领下，执信中学的家长学校工作不断向专业化道路发展，家长、学校专任教师带着研究的精神不断探索家校合作中的教育问题。不少教师积极撰写科研论文，如林少惠老师撰写的家庭教育论文《用爱塑造家庭》发表于《中小学心理健康教育》2012年第24期，《警惕让孩子成为家庭中的"替罪羊"》发表于《中学生报》2012年12月刊。

此外，为了保障家长学校的科学化发展，执信中学聘请了国内家庭教育方面的专家组成了家长学校的专家导师团，在指导学校科学化、专业化开展科研工作时，还会依据学生身心发展规律及家长认知需求制定系统性、针对性、实效性、多样性的家长培训课程；同时又亲自培训学校的专业教师，使得他们成为家庭教育讲师团的成员，然后为家长授课。例如，资深心理专家、广东第二师范学院心理学专业王小棉教授，浙江省心理健康教育特级教师、浙江省首届"十佳家长"、全国中小学心理健康教育首届"十佳专家"钟志农老师，知名心理专家、华南师范大学心理学院王玲教授，广东第二师范学院教育系高慎英教授等。有了专家的引领，执信中学的家长学校工作得以开展得更加科学和专业。

三、机制保障　考核联动

为了保障家长学校的有序和正规化开展，执信中学把家长学校的管理纳入了学校的日常管理之中。

一是加强家长学校领导班子建设，明确家长学校的管理：首先任命学校主管德育工作的副校长任家长学校的校长，主管家长学校的工作，并由德育主任担任执行主任；其次组建了年级、班级家长学校和家长委员会，形成了学校、年级、班级三级家庭教育培训网络机构；最后明确学校德育处全面负责家长学校的管理工作。二是把家长学校的工作提到学校的议事日程上来。在每周的行政例会上，校长要听取家长学校的工作汇报，对家长学校的工作进行研究探讨。三是每学期校长都要召开家长学校专题会议，研究家长学校的工作和存在的问题。四是家长学校的计划、文件、组织任命等都以学校文件形式下发，以引起全校教职工的重视。五是加强对家长学校的工作管理，把家长学校的工作纳入学校的年度工作计划和月工作计划。学校提出家长培训的工作目标和措施，由家长学校制订具体的工作计划和教学计划并执行完成。年终学校工作总结也会把家长学校工作总结纳入其中。

与此同时，为了保证家长学校的教学质量，让家长掌握科学的家庭教育理念和教育方法，学校严格规范家长学校的教学工作，把家长学校的工作纳入学校常规教育教学管理之中。

第一，成立了家长学校教学工作管理小组，管理小组由家长学校校长、学校主管教学的副校长、教务处和德育处主任、各年级家长学校负责人组成，并制定了管理小组工作职责，以确保家长学校教学管理工作正常进行。

第二，狠抓过程管理，学校制定了《家长学校教学常规管理》，把家长学校教学的"备课、上课、作业与测试、教学科研、反馈"五个环节纳入学校教学统一管理，由学校德育处对家长学校教师的教学进行检查。

第三，抓好"四个落实"。一是抓教学常规管理落实，二是抓教学内容落实，三是抓教师队伍落实，四是抓教学科研落实。家长学校成立了教学教研室，每年开展一次教研活动，主要就家长学校的工作、家长中存在的问题及解决的办法进行研讨。

不仅如此，为了让全体教师重视家长学校的工作，调动教师的工作积极性，学校还把家长学校的工作纳入学校工作考核体系，作为年终绩效考核的依据之一。一是纳入班主任工作考核管理，二是纳入教师教学工作考核。班主任平时每次上课或参与组织工作记一个课时，每学年评上家长学校优秀教师、优质课、优秀班主任后都会获得一定的奖励。

四、培训"四性"　亲子互动

家长学校有了核心引领和工作机制的保障，紧接着就到了家长培训这项最基础的工作。家长培训也是执信中学家长学校"四层金字塔"模式的基础层。

在家长培训工作中，家长的学习逐步形成了"四性"：系统性、针对性、多样性、共建性。学校根据各年级学生成长的主要特点，为每个年级设定了核心培养目标，进行了家长学校系列课程设置，制定了各年级家长学校的主题，使家长的学习更有层次性。为了使家长学校的教学具有针对性，学校要求教师必须了解学生家庭的基本状况及家长的心理需求。为此，学校通过向家长调研的方式了解家长对课程形式、内容及时间安排的需求，通过数据来制定有针对性的实效课程。

一直以来，执信中学根据家庭教育存在的共性问题，邀请国内家庭教育名师为家长做系列专题报告或讲座；对家长的专题培训力争做到解决实际问题，课程内容翔实，授课模式多样化。

例如，每年新生入学之际，执信中学会邀请初一和高一的新生家长相聚黄花岗大剧院参加"为孩子终身发展奠基——执信中学新生家长'入崇德瀹智之门'"专题讲座。入门讲座由何勇校长向家长们介绍执信中学的办学历史、特色及理念；其次是德育主任就学校的德育工作向家长们进行汇报；最后受邀心理专家王玲教授或者王小棉教授等就关于家庭如何塑造人、如何帮助新生适应环境等内容做专题讲座。

执信中学除了把名师引进学校，还会待家长掌握了育儿的基本原理后，根据不同年级收集整理的问题开展不同的亲子活动和系列富有针对性的亲子活动，旨在让家长通过切身体验掌握育儿的方法。

对于亲子活动的展开，学校会尊重家长委员会的决定，放手放权给家长委员会。对于亲子活动的内容，学校会派出教师给予相应的指导。例如，针对新生，教师会建议开展"心有千千结""风雨同舟"等活动。该活动主要解决师生之间、生生之间不熟悉的问题，也可以通过家长与学生的合作使得亲子之间取得相互理解与信任，为日后的家庭教育更好地实施提供了强有力的感情基础。

执信中学一直以丰富且高层次的学生活动著称。学校为了让家长更好地了解孩子的校园生活，会在不同类型的活动中诚邀家长进校体验，以此为家长提供与孩子共同成长的机会，如艺术节、科技节、十八岁成人宣誓、高考壮行、毕业典礼等活动。

学校的良苦用心得到了家长们的认可。2013年10月18日和19日，初一年级举办了一个神秘而又精彩纷呈的活动——亲子草裙舞展示。这个活动既锻炼了学生的能力，启迪了学生的智慧，又让家长们从中得到了启发，收获了良好的亲子关系。由于活动用料比较特殊，学生大显身手，各显神通。为了找到合适的材料，学生想到了让家长陪伴一起回家乡找稻草制作草裙，找螃蟹篓做草帽。

在制作过程中，家长们也不甘示弱，积极发挥各自的能量。有的家长甘愿做孩子的助手，有的家长跟孩子一起参与设计讨论，有的家长自掏腰包购买草裙。有家长在活动后直言：希望学校多组织这样的亲子互动活动。这样的互动非常有意义，不仅让孩子感受到了父母的关心与爱，增进了亲子关系，而且让家长了解了孩子，了解了学校，进一步拉近了家校之间的距离。

第七章 携手家长 共书华章

2014年元旦，学校邀请高一年级全体教师与年级家长委员会成员参加了"超凡执信 携梦起航——执信中学2016届首次家校联谊会"。家长分享会上，一位家长一语惊醒了所有家长委员会成员："因为孩子，我们走到一起；因为目标，我们一致努力。真心希望'家校联合，共育英才'的口号能够更好地落实到我们的教育生活中。"家长的愿望何尝不是学校的愿望呢？学校为了做好家长学校的建设工作，为了给学生营造一个健康快乐的成长环境，也是挖空了心思，绞尽了脑汁。

用阅读改变家长的育儿意识也是执信中学家长学校的最大亮点。家长学校从2011年11月开始，创办了不同的家长读物。例如，第一种读物《起航》共分3期，第一期尽情地展示学生的心灵世界，让教师和家长全方位深刻地了解学生；第二期详细全面地介绍了家长在家庭教育中的重要性及科学的方法等；第三期经典地展示了教师、家长与学生共同的故事，传播家长自身成长对孩子成长的影响，传播正确的家庭教育观念等。第二种读物《春之声》于2013年在家长委员会的大力赞助下成功创刊。家长读物的创刊不仅为执信学子创建了一个可以展示的平台，而且在亲子之间搭建了一条良好的沟通通道，为家校合作营造了一个良好的氛围。

学校的用心良苦让家长受益匪浅。因为孩子，已经有不少家长成为好朋友。他们有自己固定的家长QQ群、微信群等，会经常在上面讨论孩子的各种问题。各班班主任及家长委员会成员也会定期在群里收集相关信息，并给出有效的解答。

五、家校一体 幸福奠基

身为百年名校的执信中学，因为吸引法则，自然可以吸纳到广州市优秀的生源，同时也拥有了优秀的家长群体。家长对孩子和学校的关注与关爱，是最真心、最用心的。如何充分利用好家长资源，如何发挥家长委员会的效能，一直是学校领导班子思考的问题。

学校根据实际情况，每个年级都开创性地成立了理念先进、代表广泛、制度完善、活动丰富的家长委员会。家长委员会成员在活动中与学校、教师交流教育理念，为学生的素质教育出谋划策，给学校各项活动以最热烈、最大力的支持。自从家长委员会组建以来，大到学校，小到年级、班级等都精心策划多项活动。为了更好地加强学校与家长之间的沟通与合作，学校每年都会召开各种级别的家长委员会会议，指导家长委员会开展工作并颁发证书。何勇校长高度重视家长委员会的工作，并指出："要坚持家校沟通与合作，让家长充分参与学校管理，完善学校、家庭、社会三位一体的教育体系，营造良好的教育环境。"

学校每年都会组织两次以上校级家长代表参加的"如何开展家长学校工作"的研讨活动，四次以年级为单位、由年级长主持的"家长学校工作"会议。此外，学校还会以家长联谊会、家长委员会、电访、家访、家长接待日等形式，提高全体家长参与学校管理的意识，从而提高家长的育儿素养。

执信中学拥有优秀的家长群体。很多家长都是社会的精英，是各方面的能手。为了更充分发挥家长的积极作用，共同促进学生的成长，学校在各年级还组建了家长导师团，利用选修课的时间让家长给学生上课。例如，开设《财商教育》《打开心天空》等选修课程，为学生讲授人生规划，参观华南理工大学实验室、金龙鱼总公司等，组织学生及家长进行义卖活动，建立语文教学网……

实践证明，良好的家庭环境的营造和科学的家教手段的实施对未成年人的健康成长不仅具有奠基作用，而且会对其终身产生重要影响。

"今后，学校将进一步探讨家庭教育培训的方法和途径，努力办好家长学校，为塑造'专家型家长'，达到共同育人的目标而努力奋斗！让我们借助加强和改进未成年人思想道德建设的东风，充分发挥家长学校的辐射作用，为完成新一轮家庭教育革命，为新形势下的学校教育贡献执信人的一分力量。"何校长对未来家长学校的建设充满信心。这份信心不仅来源于"一核心，两引领，三纳入，四性"的"四层金字塔"办学模式，而且来源于"执德至弘，信道之笃"的执信精神。朱执信先生的"革命好学"的精神及"崇德瀹智"的校训一直激励着历代执信人。

广州市执信中学发展沿革

私立执信学校，1921年（民国十年）。校址：越秀山南麓清泉街应元书院旧址（今应元路21号）。1922年（民国十一年）陈炯明叛变，执信校舍遭叛军破坏，迁至大北直街（今解放北路一带），平息后迁回原址。1923年（民国十二年）开始招男生。1927年（民国十六年）迁入东沙路（今执信南路）竹丝岗新校舍。

私立执信女子中学，1928年（民国十七年）。校址：东沙路（今先烈南路）竹丝岗。

私立执信女子中学西关分校，招初中和附小生（这时本部已有高中9个班，初中6个班，共600余人）。校址：西关宝华正中约（今荔湾区宝华路宝华正中约一带）。1937年（民国二十六年）停办。

私立执信女子中学，1937年（民国二十六年）。校址：南海西樵简村（一说吉水村）。

私立执信女子中学，1938年（民国二十七年）。校址：澳门南湾。

（日伪）私立执信女子中学，1940年（民国二十九年）。校址：广州东沙路（今先烈南路）竹丝岗。此校为广州日伪学校，前任校长杨道仪任校长。1945年（民国三十四年）抗日战争胜利，原在粤北韶关的广东省立执信女子中学迁回东沙路（今先烈南路）原址，与日伪私立执信女子中学合并。

私立执信女子中学，1941年（民国三十年）。校址：粤北韶关乐昌

（今韶关乐昌市）。

广东省立执信女子中学，1944 年（民国三十三年）。校址：粤北韶关仁化恩村（今韶关市仁化县）。

广东省立执信女子中学，1945 年（民国三十四年）。校址：执信南路。

广东省执信女子中学，1950—1953。校址：执信南路 152 号。1950 年 9 月，根据教育部各级学校不再冠以国立、省立等字样的通知要求而去掉"立"字。

广州市第一女子中学，1953—1958。校址：执信南路 152 号。

广州市执信女子中学，1958—1967。校址：执信南路 152 号。

广州市红女中（一度为"广州市五七中学"），1967—1968。校址：执信南路 152 号。

广州市第五十五中学，1969—1978。校址：执信南路 152 号。在这一年再度男女合校，执信女子中学成为历史。

广州市执信中学，1978—2003。恢复为省市重点中学，完全中学。校址：执信南路 152 号。

广州市执信中学，2003—2011。取消初中，为省首批国家级示范性高中。

广州市执信中学，2011 至今。完全中学。

注：2012 年 9 月广州市 109 中学合并到执信中学。2017 年 9 月水荫路校区（初中）开办。

执信中学中共党组织历任书记

姓名	职务	任期
孔庆余	党支部书记	1957 年 1 月①—1958 年 4 月
张逸	党支部书记	1959 年 9 月—1960 年 2 月
诸兆祥②	党支部书记	1960 年 3 月—1964 年 7 月
张克	党支部书记	1964 年 8 月—1970 年 5 月
桂光国	党支部书记	1970 年 6 月—1972 年 3 月
王植生	党支部书记	1972 年 4 月—1978 年 9 月
黄斌全	党支部书记	1978 年 10 月—1979 年 7 月
虞肯堂	党支部书记	1979 年 8 月—1980 年 3 月
周国贤	党支部书记	1980 年 4 月—1987 年 1 月
辛丽君	党支部书记	1987 年 2 月—1991 年 11 月
朱健强③	党支部书记 党总支书记 党委书记	1993 年 7 月—2003 年 2 月
胡文俊	党委书记	2003 年 4 月—2008 年 6 月
张水平	党委书记	2008 年 7 月至今

注：①1957 年之前，因党员人数少，先后与广东广雅中学、省立女子师范学校、糖酒学校、中山大学附中、广东华侨中学、广州七中、广州二十一中、珠江中学（六中）等数校一起组成联合党支部。

②1961 年 9 月至 1964 年 7 月，局委派赵民到校担任专职书记，诸兆祥主持行政全面工作。

③1991 年 12 月至 1993 年 6 月任副书记主持全面工作，1993 年 7 月至 1996 年 6 月任党支部书记，1996 年 7 月任党总支书记，1999 年 3 月任党委书记。

执信中学历任负责人

姓名	职务	任职时间
曾醒	校长	1921 年 10 月—1927 年 8 月①
杨道仪	校长	1927 年 9 月—1940 年 7 月
金曾澄	校长	1940 年 9 月—1943 年 7 月
林宝权	校长	1943 年 8 月—1949 年 10 月
孔庆余	校长	1950 年 1 月—1958 年 4 月
张逸	校长	1958 年 5 月—1964 年 7 月②
张克	校长	1964 年 8 月—1967 年 6 月
张克	革委会主任	1967 年 7 月—1970 年 4 月
桂光国	革委会主任	1970 年 5 月—1971 年 10 月
王植生	革委会主任	1971 年 11 月—1974 年 4 月
黄斌全	革委会主任	1974 年 5 月—1974 年 9 月
姚昭满	革委会主任	1974 年 10 月—1978 年 9 月
虞肯堂	校长	1978 年 10 月—1980 年 3 月
周国贤	校长	1980 年 4 月—1983 年 8 月
叶世雄	代校长	1983 年 9 月—1984 年 9 月
叶世雄	校长	1984 年 10 月—1988 年 3 月
辛丽君	代校长	1988 年 4 月—1990 年 7 月
陈炽欣	校长	1990 年 8 月—1999 年 7 月
朱健强	校长	1999 年 8 月—2003 年 1 月
刘仕森	校长	2003 年 2 月—2008 年 6 月
何勇	校长	2008 年 7 月至今

注：①当时曾醒因事在上海，未能赴穗任职，遂由廖仲恺推荐廖奉恩（女）暂行代理校长之职至 1922 年 8 月。

②这一时期的后阶段由当时学校的党支部书记兼副校长诸兆祥主持学校全面工作。

荣 誉

　　铿锵岁月，风云暗涌，多少纷争多少乱。执信中学就是在这样的背景下诞生的。还在襁褓中的她备受伟人的呵护，在烟火下茁壮成长。千淘万漉虽辛苦，吹尽狂沙始到金。执信中学在教育的道路上不变初心，以其冥冥之志和伟大抱负，持续创造辉煌。

执信中学大事记

1921 年 2 月　成立执信学校筹备会。廖仲恺、胡汉民、汪精卫、邹鲁、孙科、许崇清、金曾澄 7 人为筹备会委员。

1921 年 10 月 1 日　学校成立，校名为执信学校，校址在观音山（今越秀山）清泉路（今应元路）应元书院内，设中学部和小学部，招收男女学生。学校为私立性质，设董事会管理。

1922 年　曾醒回粤，主持校务，实行新学制，为全国实行新学制最早的学校之一。

1923 年　东沙路竹丝岗新校舍建成。

1924 年　增设高中师范科。

1927 年秋　迁至东沙路竹丝岗（今执信路）新校址。

1928 年　实行男女生分校，专收女生，校名改为执信女子中学，仍为私立性质，由董事会管理。

1932 年　在西关宝华正中约开设分校，招收初中生和附小生。

1937 年　迁校广东省南海县（今南海区）碧村。

1938 年　广州沦陷，迁校澳门。

1941 年 12 月　太平洋战争爆发后，迁乐昌县（今乐昌市）。

1942 年　学校师生分为两部。一部迁往韶关乐昌、仁化恩村等地，另一部回广州执信路原校址。

1943 年　学校性质由私立改为省立。校名为广东省立执信女子中学，隶属广东省教育厅。

1944 年　停办师范班。

1945 年 10 月　从韶关回迁广州执信路原校址，与不内迁的执信另一部复合为一，停办附小。

1949 年 10 月　广州解放，林宝权校长离校，由孔庆余等四人军管小组进驻接管。

1950 年 1 月　孔庆余任校长。校名仍为广东省立执信女子中学，隶属广东省政府文化教育厅。

1950 年 9 月　改校名为广东省执信女子中学。

1953 年 1 月　改校名为广州市第一女子中学，隶属广州市教育局。

1967 年 7 月　改校名为红女中，由革命委员会机构管理校务。

1969 年 1 月　改校名为广州市第 55 中学，恢复招收男女学生，隶属广州市革命委员会文化教育办公室。

1978 年 10 月　恢复执信中学校名，定为广东省、广州市两级重点中学，由校长管理校务。

1994 年 1 月　批准为首批广东省一级学校。

2000 年　被评为创建"美丽校园"活动先进单位、广州市教育工作优秀单位。

2004 年 4 月　中共广州市委、市政府授予"文明单位"称号。

2004 年 6 月　高考喜获大丰收。重点率为 81.25％，本科率为98.44％，省大专率为 100％，总分 700 分以上学生 189 人，省语文单科状元徐诗凌。

2004 年 10 月　被评为广东省高中课程改革实施样板学校。

2004 年 12 月 16 日　广州市教育局校本培训评估组到校进行评估，学校被评为"校本培训示范单位"。

2004 年 12 月 17 日　广州市教育局任命刘仕森同志为广州市执信中学校长，胡文俊同志为中共广州市执信中学委员会书记，何勇同志为广州市执信中学副校长，张水平同志为广州市执信中学副校长。学校领导班子任期一届为 3 年。

2005 年 3 月　英语科组被评为"全国巾帼文明岗"。

2005 年 5 月　校团委被评为"广州市先进基层团委"。

2005 年 6 月　高考传捷报。本科率为 98.66％，重点率为 77.28％，省大专率为 100％，700 分以上共 166 人，省综合科状元黄曦敏。

2005 年 9 月 3 日　举行纪念朱执信诞辰 120 周年大型系列活动。

2005 年 10 月　学校工会被广州市总工会授予"广州市模范职工之

家"称号。

2005 年 12 月　校工会被全国总工会授予"全国科教文卫体系统先进工会组织"称号。

2005 年 12 月　举办"执信中学'模拟联合国'大会",这是广州市中学生第一次举办类似的活动。

2005 年 12 月　成立学校学术委员会。主任刘仕森,副主任姚学宗、金庆莉,成员有黄鹂、鲍文雄、陈光伟、张向毅、许志强、黎社英、胡文俊、何勇、张水平、刘立翔、钟锦潮,秘书有钟立、李少明。2006 年 6 月初评为"广东省国家级示范性普通高中"。

2006 年 5 月　重铺执信广场。

2006 年 6 月　2006 届高中毕业班工作突出。重点率 74%,本科率 98%,省大专率 100%,总分 800 分以上学生 11 人,总分 700 分以上学生 241 人。省总分状元黎嘉慧,省语文单科状元赵文博,省英语单科状元姚嘉韵。

2006 年 10 月 15 日　《辉煌八十五——执信中学建校 85 周年》纪念画册出版,省市领导为执信中学建校 85 周年题词。

2006 年 10 月 18 日　朱执信的外孙女朱世萱及丈夫张道强先生专程从温哥华回国,到执信中学参观并拜祭外祖父。朱世萱带来母亲朱娱捐献给母校的慰问金 7500 美元。慰问金指定用于教师培训、科研和学校添置图书。

2007 年 10 月　通过广东省国家级示范性普通高中终期督导验收。

2007 年 2 月　执信校旗飘扬在南极大地。校友麦颖珊随同国际旅游探险队登上了南极。这次南极旅游探险中,麦颖珊是唯一的亚洲代表,同时也是第一个登上 Bark Europa 号帆船的中国人。

2008 年 5 月 7 日　校友尹捷、林丹妮担任首次在我国举办的 2008 北京奥运会火炬传递广州站的火炬手。

2008 年 5 月 11 日　校青年志愿者协会被广州市教育系统评为 2007 年度"十佳特色青年志愿者服务队",校团委被评为 2007 年度教育局局属学校"先进团委标兵"。

2008年5月16日　美国国际合作委员会主席陈香梅女士访问执信中学。

2008年5月19日　四川汶川地震发生后，全校师生员工踊跃捐款，共计捐款168460元。

2009年4月　中式文化长廊建造工程正式开工，历时5个月，于2009年8月完工。

2009年7月　何勇校长荣获"广州市优秀教育工作者"荣誉称号，语文科曾湖仙老师、数学科陈民副校长、化学科苏慧勤老师、生物科潘耀华老师荣获"广州市优秀教师"荣誉称号，钟立副校长荣获"南粤优秀教育工作者"荣誉称号，教导处金庆莉主任荣获"全国教育系统巾帼建功标兵""全国劳动模范"荣誉称号。

2010年6月　何勇校长、曾湖仙老师荣获"广东省特级教师"称号。

2011年3月　在2010年12月的德育示范校的评估中，以全市最高分的成绩被评为"广州市德育示范校"。

2012年9月　学校开始实施"元培计划"特色课程。

2012年11月10日　作为广州市窗口学校组织了由国家重点支持、广州市教育局承办的"汉语桥"中美中小学校长教育论坛分论坛活动。

2012年12月12日　被评为"广东省校本培训优秀示范校"。

2013年3月20日　获广州市首批特色学校荣誉称号（特色课程为"元培计划"课程体系）。

2013年7月4日　广州市教育局党委会议研究决定，何勇同志任广州市执信中学校长、中共广州市执信中学委员会书记，钟立同志任广州市执信中学副校长，陈民同志任广州市执信中学副校长，刘玲玲同志任广州市执信中学副校长，黄艳同志任广州市执信中学副校长。学校新一届领导班子成立。

2013年9月26日　广州市教育局党委会议研究决定，彭斌同志任市执信中学党委副书记。学校配齐全部班子成员。

2013 年　先后获得全国首批(全国中小学 40 所，其中中学 17 所，广州仅 1 所获奖)"中小学优秀传统文化教学研究基地""省特级档案综合管理单位""广州市义务教育规范化学校""广州市首批示范家长学校"."扶贫开发'规划到户责任到人'工作先进单位"等荣誉称号。

2013 年　被评为"广州市艺术教育重点基地学校"。

2014 年 10 月 31 日　被评为"广东省义务教育标准化学校"。

2014 年 12 月　被评为第四批"广东省青少年科学教育特色学校"。

2014 年 3 月 6 日　被评为"2013 年度广州市教育系统实打实服务教职模范工会"(此后连续两年都获得)。

2015 年 4 月　被评为"2014 年度市教育工会信息工作优秀集体"。

2015 年 5 月　被评为"2014 年度广州市教育局系统标兵团组织"。

2015 年 6 月　EDUS"模拟联合国"获"2014—2015 年度广东省优秀学生社团"。

2015 年 9 月　被评为"2014 年广东省依法治校示范校"。

2016 年　被评为"广州市健康学校"(市级)。

2016 年　被评为"2016 广东省小作家协会文学创作基地"。

2016 年　被评为"广州市女职工创新工作室"。

2016 年 5 月　学生会被评为"2015—2016 年度广东省优秀学生会"。

2016 年 7 月　被评为"广州市第二轮扶贫开发'双到'工作先进单位"。

2016 年 8 月　被评为"第十五届全国创新英语大赛优秀生源基地"。

2016 年 10 月　被评为"广东省健康促进示范学校(2016—2018)"。

2016 年 12 月　被评为"2016 年度广州市治安保卫重点单位内保工作先进集体"。

2017 年 1 月 2 日　被评为"广东省青少年科学教育特色学校(2017—2021)"。

2017 年 3 月 19 日　获第三十二届广东省青少年科技创新大赛组织工作特别贡献奖。

2017 年 4 月 1 日　获第六届"知行杯"广东省中学生校际华语辩论

邀请赛亚军。

2017 年 4 月 16 日　获粤港澳姊妹学校经典美文诵读比赛金奖。

2017 年 5 月 4 日　获 2016—2017 年度广东省五四红旗团委称号。

2017 年 7 月 17 日　获苏州大学"东吴杯"第六届全国中学生辩论赛冠军。

2017 年 7 月 27 日　获第八届全国中学生领导力展示会中学生社会责任担当奖。

2017 年 8 月 18 日　获第四届"北大培文杯"全国青少年创意写作大赛优秀组织奖。

2017 年 8 月 19 日　被评为"第 32 届全国青少年科技创新大赛基层赛事优秀组织单位"。

2017 年 10 月 29 日　获广东省中学生游泳锦标赛团体总分第 3 名。

2017 年 12 月 4 日　获广东省体育传统项目游泳锦标赛团体总分第 3 名。

2017 年 12 月 24 日　获"开信杯"第十三届广东省中小学生天文奥赛优秀组织奖。

2017 年 12 月 30 日　获粤港澳青少年羽毛球联赛总决赛中学组团体赛季军。

2017 年　被评为"首届全国文明校园"。

2018 年 1 月 27 日　被评为"广东省青少年科技教育创新团队"。

2018 年 4 月 20 日　被评为"首批广东省中学志愿服务示范校"。

2018 你 4 月 20 日　在 2017—2018 赛季 SPBCN 中国英文拼字大赛全国总决赛中被评为"最佳组织学校"。

2018 年 5 月 1 日　被评为"2017 年度全国五四红旗团委"。

2018 年 5 月 4 日　成立 2017—2018 年度广东省优秀学生社团（阅薇文学社）。

2018 年 6 月 20 日　在"外教社杯"第十届全国中学生英语能力大赛中被评为"优秀外语集体"。

2018 年 11 月 20 日　被评为"广东省中小学艺术教育特色学校"。

2018 年 12 月 8 日　被评为"广东省安全文明校园"。

2018 年 12 月 9 日　　获第四届粤港澳中学生模拟联合国大会优秀组织奖。

2019 年 3 月 1 日　　获第六届广东省中小学生艺术展演活动器乐类中学甲组一等奖，第六届广东省中小学生艺术展演活动声乐类中学甲组一等奖，第六届广东省中小学生艺术展演活动舞蹈类中学甲组一等奖。

2019 年 4 月 1 日　　被评为"首批广东省中学示范团校"。

2019 年 4 月 20 日　　获全国第六届中小学生艺术展演活动艺术表演器乐类中学甲组一等奖。

2019 年 5 月 5 日　　获广东省教育"双融双创"行动暨第二十届广东省中小学电脑制作活动机器人竞赛二等奖。

2019 年 7 月 19 日　　获苏州大学"东吴杯"第七届全国中学生辩论赛亚军。

2019 年 8 月 8 日　　被评为"第六届全国青少年模拟政协活动优秀社团"。

2019 年 10 月 2 日　　被评为"全国中学生科普科幻作文大赛优秀生源基地"。

2019 年 10 月 3 日　　获第 33 届中国化学奥林匹克（初赛）组织工作奖。

2019 年 11 月 1 日　　获广东省中小学生无线电征文活动优秀组织奖。

2020 年 5 月 1 日　　被评为"首批中央文明委垃圾分类进校园重点工作项目基层联系点"。

2020 年 6 月 1 日　　被评为"2019—2020 年度广东省少先队先进学校"。

2020 年 7 月　　被评为"普通高中新课程新教材实施国家级示范校"。

2020 年 8 月 1 日　　获苏州大学"东吴杯"第九届全国中学生辩论赛季军。

2020 年 11 月 1 日　　被评为"第五届全国未成年人思想道德建设工作先进单位"，德育经验入选教育部首批"一校一案"落实《中小学德育工作指南》典型案例。

2020 年 12 月　　被评为"教育部第三批国防教育特色学校""广东省中小学心理健康特色学校"。

只言片语　真心答谢

别样的执信中学，百年风雨兼程，春华秋实。从前，我们只知名校的光环耀眼无双，却不知这般传奇。

因为需要编纂《执德至弘，信道至笃——广州市执信中学的百年之路》一书，方才有机会走进执信中学，了解执信中学。而后一发不可收。无论是历史，还是文化，抑或是师生间的感人故事，于脑海中，久久挥之不去。

纵观执信中学走过的历史足迹，叹服叠加折服。从战乱走来，天荆地棘，如蹈水火，即使筚路蓝缕，仍不忘初心，于迍邅之世，乘风破浪，蓦然回首，无不感人肺腑。"执信"这位世纪老人，饱含多少风霜，拭去多少苦泪。

追溯建校历史命脉，血脉偾张。战火硝烟里，依旧屹立不倒。离不开无数名流先辈，他们为了执信中学，付出了一生的心血。从国父孙中山到民主革命家朱执信，从国民党元老廖仲恺到中国共产党创始人之一李大钊，从中华民国首任教育总长蔡元培到行政院院长孙科……一批批志士奠定了执信中学的精神底色，厚重大气，育德立人。

执信中学峥嵘成长，文化层叠积淀，旷日积晷，塑成百年特色教育品牌。执信中学创办伊始，在办学模式上既继承传统，推陈出新，又面向世界，博采众长。时至今日，超前的教育理念以及课程设置依旧堪称教育界万众瞩目的标杆。

访谈中，亲历执信中学的教师恪守着"尚严善导，以身立教，殚精求知，笃志力行"的工作准则。他们春风化雨，是知识的传播者；他们循循善诱，是怀揣教育情怀的盟友；他们德高望重，有教无类。

执信学子浸润其中，践行着"博闻强记，多思多问，取法乎上，持之以恒"的学风。无论是课堂学业还是社会实践，他们无不志得意满，得心应手。更重要的是，好学之余，他们的赤子之心，德厚流光，抱诚守真，善气迎人。伴着执信精神，他们在各自的领域里战功赫赫。

目睹孩子的变化，更加感恩学校。执信中学的家长也是学校的重要砥柱。他们担负育儿重任，为儿女树立榜样，如孟母断杼择邻，也如曾子守诺杀猪。他们既推心置腹，与儿女精诚共进，又温润如玉，乐助百世之师。

忆往昔峥嵘岁月而感慨万千，看今朝蓬勃发展而欢欣鼓舞。原来，真正耀眼的，是执信中学厚重的历史文化与超前的教育理念。它就像是一座丰碑，伫立在时代的前沿，造福每一位青春年少的学子。

《执德至弘，信道至笃——广州市执信中学的百年之路》一书历经一年多时间，在参照学校已经出版的几本书籍以及在校志的基础上又重新进行访谈、整理、修订。编写过程中，全体编纂人员怀揣敬畏之心，各负其责，认真查阅史料，研讨修正章节篇目的顺序。就内容而言，总体上还是以学校沿革、历史文化、教育理念、教育科学研究、师资队伍、学生风范、家校合作等为中心，尊重史实，结合访谈，力求做到客观全面地记述学校的发展历程。

在编纂过程中，感慨、感动、感激、感谢一直如影相随。

感慨于何勇校长优秀的职业素养和人格品质。

身为一校之长，他钟情于教育研究，挚爱教育事业，倾心履职，但凡提及执信中学的历史与校园文化，他都是信手拈来，乃至精确到每个年份具体发生了哪些事情。他有严谨的治学态度，尽忠职守。面对连篇累牍的文稿，他不骄不躁，实事求是，纯然表达心之所悟。经他修改的文稿较之特别，不仅注明原文出处，而且还会耐心讲解某些文辞的用法。临近学期末，工作繁杂，但他依然笔耕不息。他的文章顺乎教育的本质，顺乎孩子的天性。凌晨一点多，他如约如期交稿，朝乾夕惕之精神于当下实在是不可多见。令人肃然起敬是他的优秀品质：为人谦逊，待人和蔼，襟怀坦荡，嘉爱老师，扶掖后进，利益殊荣面前，他考虑更多的是学校的团队成员。因是之故，一直以来，执信中学这个大家庭都以和谐著称。

刘玲玲副校长对工作的那份热情以及其高效的工作效率真心让人感受到和谐团队的力量对学校发展的重要意义。刘玲玲副校长负责安排采访任务，从老师到家长，她都是精心挑选，用心安排，使得我们的采访工作异常顺利。后期，她加班加点，协助编写团队，高效校对，及时指正，精准指点，为我们的编写工作起到了拨云见雾之效能。德育处林间开主任积极、及时提供的素材，使采编工作如鱼得水，她功不可没。她白天要忙于各种琐碎的工作，经常带学生奔波于各种赛事，但从没拒绝过我们的"非分要求"。午夜，收到她负责校对的稿件时，感动之际我们也思考：执信中学的每个人都是这般热爱工作，充满激情，这到底是文化的力量还是团队的影响？

杨劲松主任负责提供整本书的图片。整本书的图片整理工作还是相当难的。他思路清晰，有条不紊地将所有照片分门别类。不是因为校稿，我们还真不知道他是一名语文老师。语文老师的"职业病"被他发挥得淋漓尽致，所有的纰漏之处都被他发现且斧正。

一直陪伴我们并肩作战的褟广辉老师态度温和，讷言敏行，对于我们提出的问题不厌其烦地逐一解答，出差了也不忘完成我们派给他的校对工作。

最为感激的是我们的导师广州大学吴小强教授，他高屋建瓴的指引让我们对本书的编写思路更加清晰明了。从始至终，他放下学者的身段，跟随我们走进校园做访谈，多次与我们会晤切磋书稿的编写。他学养深厚，胸藏文墨怀若谷。每每书稿到他手中，无论时间多晚，他都会及时给出具体的改写建议，就连置身国外，也会保持远程联系，直至书稿工作全部完工。对本书的编写他倾注了极大的心血和热情。殷殷情怀，感铭于心。

同时感动于执信中学的老师、家长和学生们对执信中学的情怀一直记挂于心中。他们不会为了利益而动摇对执信中学的热爱，也不因俗见而改变对执信中学的看法。对于访谈，他们一呼百应，完全发乎内心。正是他们的积极配合，才使得书稿的内容生动而有力。

最后还要诚挚感谢南都记者梁艳燕，执信中学的编委会成员：陈民、黄艳、彭斌、汪欣、钱丽、廖晓瑜等老师。他们默默于后方工作，为本书提供了大量的文字资料等。今天的成果展示无不蕴含着他们的辛勤付出。

由于版面关系，还有很多默默无闻的人在此就不一一提及致谢了，唯有藏于心底深深道一声感谢。感谢你们无私的大爱，让《执德至弘，信道至笃——广州市执信中学的百年之路》这本书终于有所呈现。

悠悠百年，执信中学一路走来，值得记述之事，岂是几百页文字能涵盖！没有查阅到、访谈到的，唯有遗憾与抱歉了。

祁丽珠